VOYAGE PITTORESQUE

A TRAVERS LE MONDE

PARIS. — IMPRIMERIE E. MARTINET. RUE MIGNON, 2

VOYAGE PITTORESQUE

A TRAVERS LE MONDE

MORCEAUX EXTRAITS DE DIVERS AUTEURS

PAR

RICHARD CORTAMBERT

SECRÉTAIRE HONORAIRE DE LA SOCIÉTÉ DE GÉOGRAPHIE

ATTACHÉ A LA BIBLIOTHÈQUE NATIONALE

DEUXIÈME ÉDITION

PARIS

LIBRAIRIE HACHETTE ET Cie

79, BOULEVARD SAINT-GERMAIN, 79

1878

Supposez quelque assemblée composée de savants, d'écrivains célèbres, de voyageurs illustres, de géographes distingués ou de simples observateurs ; interrogez-les, écoutez-les : les uns sauront vous présenter, sous une forme large, grandiose, les phénomènes de la nature ; les autres, en quelques traits étincelants, peindront la physionomie des villes ou le caractère des hommes. A côté de ce bataillon d'élite, viendront se grouper quelques touristes, quelques philosophes ignorés même de la foule, mais dont le cœur a su battre aux imposants spectacles de la Terre et qui reproduisent fidèlement, simplement, les impressions qu'ils ont ressenties.

Ce livre n'est, à proprement parler, que cette noble réunion d'amis de la géographie et d'admirateurs ardents des beautés de la création : avec lui, nos lecteurs visiteront à peu près tous les points du globe, contempleront les plus merveilleux paysages, pénétreront dans les centres les plus populeux, et passeront tour à tour des contrées les plus civilisées aux pays les plus sauvages. Et quels compagnons, quels guides nous leur donnons souvent dans ce *Voyage pittoresque !*

Certains esprits pointilleux trouveront peut-être que nous présentons quelquefois de bien vieilles descriptions, en empruntant des pages aux Fénelon, aux Buffon, aux Volney, aux Chateaubriand, etc. Mais, quand les anciens maîtres dans l'art d'écrire ont fait de la bonne géographie, pourquoi ne les citerions-nous pas ? Nous désirons que ce volume soit une œuvre littéraire en même temps que géographique, une œuvre où le goût de nos jeunes lecteurs puisse se former au contact d'un style élevé. Oui, malgré les préjugés que nous avons constamment cherché à vaincre, la Géographie et la Littérature sont sœurs ; nous aurions pu intituler notre livre : *Géographie littéraire* ou *Voyage littéraire à travers le monde*.

Dans les premières pages, nous avons réuni des considérations générales sur les grandes lois qui régissent la Terre. Des astronomes, des cosmographes, des naturalistes, des géographes, nous ont permis de présenter le tableau sommaire de cette introduction à l'histoire de notre monde.

A la France sont consacrés les chapitres suivants. Honneur à notre patrie, qui, en dépit de ses désastres, n'en passe pas moins pour le premier pays de l'Europe !

Notre voyage se poursuit ensuite à travers les principaux États européens. De là nous nous élançons en Asie, en Afrique, dans le Nouveau-Monde, en Océanie.

Nous espérons que la plupart des morceaux choisis que nous offrons au public seront un enseignement et un amusement. Les écrivains, avec une modestie feinte, s'efforcent en général, dans leurs préfaces, de démontrer la perfection de leur œuvre. Nous pouvons, quant à nous, sans ambages, sans fausse retenue, dire hautement du bien de notre *Voyage pittoresque ;* car les auteurs auxquels nous avons fait des emprunts sont presque tous nos maîtres, les maîtres de la science, les écrivains les plus estimés, les plus en renom. Cet ouvrage leur appartient tout entier.

« Un bon livre est un bon ami », a dit quelque part Bernardin de Saint-Pierre. Nous souhaitons que celui-ci devienne le compagnon inséparable de la jeunesse, à laquelle nous le dédions.

R. C.

TABLE DES MATIÈRES

—

INTRODUCTION

GÉNÉRALITÉS

EUROPE

HORS D'EUROPE

VOYAGE PITTORESQUE

A TRAVERS LE MONDE

INTRODUCTION

CARACTÈRES DE LA GÉOGRAPHIE

Il est regrettable que les anciens, dans leur ingénieuse mytho-
logie, n'aient pas créé une muse de la géographie, comme ils
en ont créé une de l'histoire et une autre de l'astronomie, deux
muses qu'on a fait présider tour à tour à la géographie elle-
même.

Si l'on avait imaginé une muse de la géographie, il me semble qu'on aurait pu l'accompagner d'attributs délicieux. On ne l'aurait pas ornée, comme Clio, de la couronne de laurier et de la trompette, signes de la victoire et de la bruyante renommée; on ne lui aurait pas donné, comme à Uranie, une couronne d'étoiles et des instruments de mathématiques, qui rappellent seulement les travaux savants et admirables, mais ardus, de l'étude du ciel. Je me la serais volontiers représentée comme une jeune déesse, d'une beauté douce et un peu sévère cependant, la tête parée d'une guirlande élégamment formée de fleurs, de plumes délicates et de pierres variées, symboles des trois règnes de la nature; jetant un coup d'œil intelligent et profond sur l'espace, peignant d'une main habile les paysages et les contrées qu'elle découvre au loin; assise sur une hauteur lumineuse du voisinage de la mer, d'où elle peut contempler à la fois les deux principaux éléments qui font l'objet de ses descriptions; ayant autour d'elle plusieurs des fruits de ses nobles travaux : des cartes, des plans, des livres, un globe, des images des races humaines, quelques-uns des instruments qu'elle emploie pour ses exactes déterminations, enfin divers produits de l'agriculture, du commerce et de l'industrie.

E. Cortambert, *Parallèle de la Géographie et de l'Histoire.*

GÉNÉRALITÉS

COSMOGRAPHIE ET GÉOGRAPHIE PHYSIQUE

LA TERRE

Qui est-ce qui a suspendu ce globe de la Terre? Qui est-ce qui
en a posé les fondements? Rien n'est, ce semble, plus vil qu'elle;
les plus malheureux la foulent aux pieds. Mais c'est pourtant pour
la posséder que l'on donne les plus grands trésors. Si elle était
plus dure, l'homme ne pourrait en ouvrir le sein pour la cultiver;
si elle était moins dure, elle ne pourrait le porter, il enfoncerait
partout, comme il enfonce dans le sable ou dans un bourbier.
C'est du sein inépuisable de la Terre que sort tout ce qu'il y a de
plus précieux. Cette masse informe, vile et grossière, prend
toutes les formes les plus diverses, et elle seule devient tour à
tour tous les biens que nous lui demandons; cette boue si sale se
transforme en mille beaux objets qui charment les yeux : en une
seule année, elle devient branches, boutons, feuilles, fleurs, fruits
et semences pour renouveler ses libéralités en faveur des hommes.
Rien ne l'épuise; plus on déchire ses entrailles, plus elle est libé-
rale. Après tant de siècles pendant lesquels tout est sorti d'elle,
elle n'est point encore usée; elle ne ressent aucune vieillesse, ses
entrailles sont encore pleines des mêmes trésors. Mille générations ont passé dans son sein; tout vieillit, excepté elle seule;
elle se rajeunit chaque année au printemps, elle ne manque
jamais aux hommes. Mais les hommes insensés se manquent à

eux-mêmes, en négligeant de la cultiver; c'est par leur paresse et par leurs désordres qu'ils laissent croître les ronces et les épines en la place des vendanges et des moissons; ils se disputent un bien qu'ils laissent perdre. Les conquérants laissent en friche la Terre, pour la possession de laquelle ils font périr tant de milliers d'hommes et ont passé leur vie dans une si terrible agitation. Les hommes ont devant eux des terres immenses qui sont vides et incultes; et ils renversent le genre humain pour un coin de cette Terre si négligée.

La Terre, si elle était bien cultivée, nourrirait cent fois plus d'hommes qu'elle n'en nourrit.

L'inégalité même des terroirs, qui paraît d'abord un défaut, se tourne en utilité. Les montagnes se sont élevées et les vallées sont descendues en la place que le Seigneur leur a marquée; ces diverses terres, suivant les divers aspects du soleil, ont leurs avantages. Dans les profondes vallées, on voit croître l'herbe fraîche pour nourrir les troupeaux; auprès d'elles s'ouvrent de vastes campagnes, revêtues de riches moissons. Ici les coteaux s'élèvent comme en amphithéâtre, et sont couronnés de vignobles et d'arbres fruitiers; là de hautes montagnes vont porter leur front glacé jusque dans les nues, et les torrents qui en tombent sont les sources des rivières. Les roches qui montrent leurs cimes escarpées soutiennent la terre des montagnes, comme les os du corps humain en soutiennent les chairs. Cette variété fait le charme des paysages, et en même temps elle satisfait aux besoins des peuples.

FÉNELON, *Démonstration de l'existence de Dieu.*

CONTEMPLATION DU CIEL ÉTOILÉ

C'est un charme toujours nouveau pour moi que celui de contempler le ciel étoilé, et je n'ai pas à me reprocher d'avoir fait un seul voyage, ni même une simple promenade nocturne, sans payer le tribut d'admiration que je dois aux merveilles du firmament. Quoique je sente toute l'impuissance de ma pensée dans ces hautes méditations, je trouve un plaisir inexprimable à m'en occuper. J'aime à penser que ce n'est point le hasard qui conduit jusqu'à mes yeux cette émanation des mondes éloignés, et chaque étoile verse, avec sa lumière, un rayon d'espérance en mon cœur.

Eh quoi! ces merveilles n'auraient-elles pas d'autres rapports avec moi que celui de briller à mes yeux? Et ma pensée qui s'élève jusqu'à elles, mon cœur qui s'émeut à leur aspect, leur seraient-ils étrangers?..... Spectateur éphémère d'un spectacle éternel, l'homme lève un instant les yeux vers le ciel, et les referme pour toujours; mais, pendant cet instant rapide qui lui est accordé, de tous les points du ciel et depuis les bornes de l'univers, un rayon consolateur part de chaque monde et vient frapper ses regards pour lui annoncer qu'il existe un rapport entre l'immensité et lui, et qu'il est associé à l'éternité.

XAVIER DE MAISTRE,
Expédition nocturne autour de ma chambre.

ENSEMBLE DE L'UNIVERS

S'il était possible de se placer en un point quelconque des espaces célestes, d'où l'on pût embrasser d'un coup d'œil l'ensemble du système solaire, on verrait, au centre, un globe lumineux, corps principal de ce système, entouré de globes nombreux, beaucoup plus petits, les planètes, qui tournent autour de lui à des distances inégales et accomplissent leurs révolutions avec des vitesses différentes. Les plus grosses de ces planètes apparaîtraient à leur tour comme les centres de systèmes secondaires, petits mondes à part, reproduisant en miniature le système général et comprenant des satellites qui circulent autour de leurs planètes centrales et les suivent dans leurs orbites.

Outre ces grands mouvements de révolution qui s'accomplissent autour du Soleil et autour des plus grosses planètes, l'observateur verrait tous ces globes planétaires, tous ces globes satellites tourner sur eux-mêmes avec des vitesses différentes. Le Soleil lui-même est animé d'un mouvement de rotation. — Ajoutez que toutes ces rotations, toutes ces révolutions s'accomplissent dans le même sens, en sorte que, si l'on vient à découvrir dans cet ensemble une petite planète jusqu'alors inaperçue, on peut tenir d'avance pour certain qu'elle marchera comme les autres dans le sens général.

En appliquant les lois de la mécanique à ces corps en mouvement et sollicités par leurs attractions mutuelles, l'esprit humain est parvenu à pouvoir prédire, avec une admirable exactitude, les positions que tous ces globes occuperont dans l'espace à un moment donné, et à démontrer que ce système, quels que soient ses antécédents, est arrivé à un état de stabilité où le jeu naturel des forces ne présente aucune chance de destruction spontanée. Le monde solaire est fait pour durer.

En dehors, bien loin de ce système, l'espace paraît semé d'autres soleils, brillant aussi de leur propre lumière. Peut-être sont-ils les centres de mondes analogues au nôtre; mais, s'il en est ainsi, ces mondes ne sont pas destinés à nous être connus. Les distances qui nous en séparent sont telles, que les planètes et le Soleil peuvent être considérés comme de simples points; les dimensions mêmes du système solaire tout entier ne sont presque rien en comparaison de ces distances. Si nous dirigeons nos regards vers ces étoiles blanches, jaunes, rouges, vertes et bleues, dispersées çà et là, il nous est impossible de reconnaître un plan, une loi quelconque dans leur distribution. Elles paraissent être, en général, aussi indépendantes les unes des autres que notre monde solaire l'est par rapport à elles.

H. FAYE, *Leçons de cosmographie*.

TRIOMPHE DE L'ASTRONOMIE

Le triomphe des astronomes est d'avoir su rectifier tant d'apparences décevantes, d'avoir pu soumettre au calcul des mouvements aussi compliqués : les uns si grands et si rapides, qu'à peine semble-t-il qu'on eût le temps de les observer ou de les atteindre dans l'espace; les autres si lents et si petits, qu'ils paraissent devoir rester toujours inconnus à l'homme, dont la vie est si courte et traversée par tant d'obstacles !

WALCKENAER, *Cosmolog e*.

MOUVEMENT DE LA TERRE

Situés comme nous le sommes autour du globe, infiniment petits, collés à sa surface par son attraction centrale, et emportés par son mouvement, nous ne pouvons ni apprécier le mouvement, ni nous en rendre compte directement. Ce n'est que par l'observation du déplacement correspondant des perspectives célestes et par le Soleil, que nous avons pu, depuis quelques siècles à peine du reste, en connaître la nature, la forme et la valeur. Dans un navire, dans un compartiment de wagon, ou dans la nacelle d'un aérostat, nous ne pouvons pas davantage nous rendre compte du mouvement qui nous emporte, parce que nous participons à ce mouvement, et qu'en fait nous sommes immobiles dans le salon du navire en marche ou du convoi rapide, aussi bien que sous l'aérostat immobile lui-même relativement aux molécules de l'air environnantes. Sans objets de comparaison, étrangers au mouvement, il nous est impossible de l'apprécier. Pour nous former une idée de la puissance indescriptible qui emporte incessamment dans l'infini la Terre que nous habitons, il faudrait nous supposer placés, non plus à la surface de cette Terre, mais en dehors, dans l'espace même, non loin de la ligne éthérée, le long de laquelle elle roule impétueuse. Alors nous verrions au loin, à notre gauche, je suppose, une petite étoile brillante, au milieu des autres, dans la nuit de l'espace. Puis cette étoile paraîtrait grossir et s'approcher. Bientôt elle offrirait un disque sensible, semblable à celui de la Lune, sur lequel nous reconnaîtrions aussi des taches formées par la différence optique des continents et des mers, par les neiges des pôles, par les bandes nuageuses des tropiques. Nous chercherions à reconnaître sur ce globe grossissant les principaux contours géographiques visibles à travers les vapeurs et les nuées de l'atmosphère, et, vers le milieu de la masse des continents, nous finirions peut-être par deviner notre petite France, — qui occupe à peu près la millième partie du globe, — quand soudain, se dressant dans le ciel, et couvrant l'immensité de son dôme, le globe arriverait devant notre vue terrifiée, comme un géant sorti des abîmes de l'espace ! Puis, rapidement, sans que le temps nous soit donné même de le reconnaître, le colosse passerait devant nous et s'enfuirait à notre droite, en diminuant rapidement de grandeur, et en s'enfonçant silencieux dans les noires profondeurs du vide éternel.....

C'est sur ce globe que nous habitons, emportés par lui, dans

une situation semblable à celle des grains de poussière qui
se trouvent adhérents à la surface tourbillonnante d'un boulet
de canon lancé dans l'espace.

CAMILLE FLAMMARION, *l'Atmosphère.*

SAISONS

Dans la circumnavigation autour du Soleil, la Terre suit une
zone courbe, nommée l'écliptique, sur laquelle son axe est incliné
d'environ 23 degrés et demi. De ce fait cosmogonique, d'une
importance capitale, découlent des harmonies et des contrastes
qui concourent à la variété et à la fécondité de la planète, comme
aux charmes de l'existence humaine : cette inclinaison, combinée avec le mouvement de la Terre, est cause que le Soleil ne
darde jamais ses rayons perpendiculaires deux instants de suite
sur le même point de la surface terrestre ; de là les inégales
durées des jours et des nuits, avec l'inégalité des chaleurs et des
refroidissements diurnes; de là encore l'inégalité des saisons,
avec leurs changeants spectacles. L'égale longueur des nuits et
des jours et l'identité plus monotone des saisons n'existent que
pour les lieux situés sur la ligne même de l'équateur terrestre,
qui présente toujours de front ses sites aux rayons verticaux du
Soleil; mais, à partir de l'équateur, des inégalités graduées de
lumière, de chaleur, de végétation, se succèdent des deux côtés
jusqu'aux pôles. Deux fois seulement par an, l'axe de la Terre se
présente perpendiculairement au Soleil, dont le cours apparent
répond à l'équateur; alors les jours sont égaux aux nuits pour
tous les lieux du globe, et les deux pôles aperçoivent simulta-
nément le Soleil rasant le bord de leur horizon. Dès le lende-
main de ces jours recommencent la variété des positions et des
aspects, et la série progressive des inégalités.

On nomme équinoxes ces doubles journées où l'écliptique et l'équateur (le plan de translation et le plan de rotation) se rencontrent en deux points qui sont diamétralement opposés, à six mois d'intervalle ; on nomme solstices les deux points de l'écliptique les plus éloignés de l'équateur, et qui marquent les termes extrèmes de la course apparente du Soleil au nord et au sud. Ces quatre points déterminent les débuts des quatre saisons, printemps et automne (équinoxes), été et hiver (solstices) : moments solennels qu'aiment à célébrer par des fêtes et des légendes, ou des chants, les religions et les poésies.

Jules Duval, Notre planète.

FORME DE LA TERRE, HORIZON

Transportons-nous dans une vaste plaine de l'Arabie, ou sur la haute mer. Ici aucune montagne n'intercepte les objets que peut atteindre notre rayon visuel. Pourquoi donc ne voyons-nous pas les objets élevés se rapprocher ou s'éloigner de notre vue, en diminuant seulement de volume, sans cacher aucune partie de leur ensemble, comme cela devrait arriver si nous nous trouvions avec eux sur le même plan horizontal ? Pourquoi les tours, les vaisseaux, les montagnes, lorsque nous nous en éloignons, semblent-ils se plonger sous l'horizon, à commencer par leur base ? Et pourquoi, au contraire, lorsque nous nous en approchons, les objets se montrent-ils d'abord par le sommet et ne découvrent-ils que successivement leur milieu et leur base ? Ces phénomènes, que chacun est à portée d'observer, prouvent évidemment que toute plaine apparente sur la Terre est une surface courbe. C'est la convexité de cette surface qui dérobe aux regards d'un spectateur placé sur les bords de la mer le corps

d'un vaisseau dont il aperçoit les mâts et la voilure. Mais, dès
qu'on sait que ces choses arrivent d'une manière uniforme partout où nous allons sur la Terre, vers l'orient ou vers l'occident,
vers le nord comme vers le sud; dès qu'on s'aperçoit que cet
ensemble de surfaces courbées n'est nulle part sensiblement
interrompu, il est impossible de ne pas en tirer la conséquence
que la surface totale de la Terre est à peu près régulièrement
courbée de tous côtés, ou, en d'autres mots, qu'elle est un corps
sphérique plus ou moins parfait.

Malte-Brun, Précis de la Géographie universelle.

LES CONTINENTS

Ces massifs qui émergent de l'Océan se divisent en continents et en îles: les continents désignant ces énormes étendues
de terre qui se touchent sans discontinuité, le nom d'îles étant
réservé aux blocs solides de moindre dimension, qui sont de
toutes parts entourés d'eau. Continents et îles ne diffèrent que
par les proportions : aussi l'appellation est-elle indécise pour
l'Australie, la plus grande des îles, que beaucoup de géographes
qualifient volontiers de troisième continent, ou continent austral,
noyau d'un troisième monde, le Monde maritime ou l'Océanie...
La plus forte proportion des terres se trouve dans l'hémisphère
septentrional, et les géographes en concluaient l'existence d'un
massif austral faisant contre-poids au massif boréal, hypothèse
qu'ont démontrée fausse les voyages autour et au sud du monde.

A ce contraste s'ajoute celui des formes. Le relief général de
l'ancien continent est plus accidenté que celui du nouveau. Les
terres septentrionales couronnent le pôle d'un cercle de rivages
et de caps, de presqu'îles et d'îles, tandis que les terres méridionales des continents d'Afrique, d'Amérique et de l'Australie

même, en y rattachant la Tasmanie, se prolongent vers le sud en pointes isolées et distantes, éternellement battues par les flots.

Les continents diffèrent encore par leur direction. Dans l'ancien, l'axe de la masse principale (Asie et Europe) court de l'est à l'ouest, et la ligne de plus grande longueur va du nord-est au sud-ouest : c'est le contraire dans le nouveau monde, où la plus grande longueur, qui se rapproche de l'axe de la Terre, se développe du nord au sud. Ce contraste, comme l'a remarqué Humboldt, a influé sur les destinées humaines : là en ouvrant des routes aux armées, ainsi qu'aux émigrants et aux commerçants, ici en opposant des barrières aux navigateurs.

Pour l'étendue superficielle, la population, l'activité de production et de consommation, l'ancien continent l'emporte encore sur le nouveau. Le rapport des surfaces est de 3 à 1. Le rapport des populations fait aussi un grand écart : de 15 à 1. L'inégalité n'est pas moindre pour l'avancement de la civilisation matérielle, quoique la prodigieuse activité des États-Unis commence à relever la balance du côté de l'Amérique. Un prochain avenir rapprochera davantage les deux plateaux, et un avenir lointain pourrait bien les niveler.

Jules Duval, Notre planète.

LES ILES

Tantôt éparses à la surface des mers, tantôt groupées en archipels, parfois déployées en longs chapelets, les îles présentent toutes les variétés de gisements, de formes, de dimensions.

Isolées ou assemblées, les moyennes et les petites îles serrent de plus près les continents, et s'en éloignent aussi davantage ; parsemées sous tous les méridiens et tous les parallèles, elles animent et embellissent les solitudes liquides : sans être désavouée par la science, la poésie peut les appeler les perles des mers.

Multiples et diverses sont les fonctions des îles dans l'économie générale du globe et dans l'histoire de l'humanité. Habitués dès l'enfance au spectacle des flots agités, les insulaires se plongent avec courage dans les eaux et y puisent le sentiment de leur force. Demandant à la pêche leur nourriture quotidienne, ils apprennent à braver les vagues, et, dans ce jeu périlleux, prennent le goût des aventures; leur regard sonde avec confiance l'immensité; leur corps se trempe, comme leur caractère, dans ces luttes quotidiennes où sont engagées leur vie et leur fortune. Que la fortune leur soit propice, et leur étroite patrie devient, mieux que les vastes et inertes étendues des continents, un foyer de richesses, un centre de civilisation, un asile de liberté.

Jules Duval, Notre planète.

TRANSFORMATION DE LA SURFACE TERRESTRE

Les roches, les montagnes, les masses continentales sont dans un perpétuel changement, et tournent autour du globe comme les eaux et les airs. Sous l'action des torrents et des agents atmosphériques, les monts sont nivelés et portés dans l'Océan; des contrées nouvelles se soulèvent hors des eaux, tandis que d'autres s'affaissent lentement et s'engouffrent; la Terre se fend et laisse échapper au dehors les gaz et les matières fondues des couches profondes; enfin, par suite des incessantes réactions chimiques de l'intérieur de la Terre, les roches elles-mêmes changent de composition, et les végétations de cristaux se succèdent dans la pierre comme les faunes et les flores sur le sol. Bien plus, l'échange se fait également entre la Terre et les espaces du ciel, ainsi que le prouvent les traînées de pierres embrasées qui se détachent des bolides lancés dans l'atmosphère et les chevelures des comètes, dont le globe traverse parfois en roulant les ondes invisibles. La vie de la planète, comme toute autre vie, est une genèse continue, un tourbillon incessant d'atomes tour à tour fixés et libres qui s'élancent d'organisme en organisme. Toutefois, dans quelque phase de ses modifications infinies qu'on la contemple, la Terre reste toujours belle par sa forme, et les phénomènes qui s'y succèdent s'accomplissent avec une merveilleuse harmonie.

ÉLISÉE RECLUS, la Terre.

IRRÉGULARITÉ APPARENTE ET HARMONIE RÉELLE
DU GLOBE TERRESTRE

Ce globe immense nous offre, à la surface, des hauteurs, des profondeurs, des plaines, des mers, des marais, des fleuves, des cavernes, des gouffres, des volcans; et, à la première inspection, nous ne découvrons en tout cela aucune régularité, aucun ordre. Si nous pénétrons dans son intérieur, nous y trouverons des métaux, des minéraux, des pierres, des bitumes, des sables, des terres, des eaux, et des matières de toute espèce, placées comme au hasard et sans aucune règle apparente. En examinant avec plus d'attention, nous voyons des montagnes affaissées, des rochers fendus et brisés, des contrées englouties, des îles nouvelles, des terrains submergés, des cavernes comblées; nous trouvons des matières pesantes souvent posées sur des matières légères; des corps durs environnés de substances molles; des choses sèches, humides, chaudes, froides, solides, friables, toutes mêlées et dans une espèce de confusion qui ne nous présente d'autre image que celle d'un amas de débris et d'un monde en ruines.

Cependant nous habitons ces ruines avec une entière sécurité ;
les générations d'hommes, d'animaux, de plantes, se succèdent
sans interruption ; la Terre fournit abondamment à leur sub-
sistance ; la mer a des limites et des lois, ses mouvements y sont
assujettis ; l'air a ses courants réglés, les saisons ont leurs retours
périodiques et certains, la verdure n'a jamais manqué de succéder aux frimas : tout nous paraît être dans l'ordre. La Terre,
qui tout à l'heure n'était qu'un chaos, est un séjour délicieux, où
règnent le calme et l'harmonie, où tout est animé et conduit
avec une puissance et une intelligence qui nous remplissent
d'admiration et nous élèvent jusqu'au Créateur.

Ne nous pressons donc pas de prononcer sur l'irrégularité que
nous voyons à la surface de la Terre, et sur le désordre apparent
qui se trouve dans son intérieur ; car nous en connaîtrons bientôt
l'utilité, et même la nécessité ; et, en y faisant plus d'attention,
nous y trouverons peut-être un ordre que nous ne soupçonnions
pas, et des rapports généraux que nous n'apercevions pas au
premier coup d'œil.

Buffon, Théorie de la Terre.

LES MONTAGNES

Ce sont les montagnes qui, par leurs hauteurs, leurs directions et leurs formes, influent le plus sur le climat et les productions des diverses parties de la Terre ; et les bassins qu'elles
entourent sont autant de subdivisions du globe terrestre, qui
se distinguent des autres par des caractères particuliers. Les
mers, les lacs et les fleuves servent à la communication des
peuples entre eux ; mais les hautes chaînes de montagnes élèvent
au contraire, entre les nations, des barrières qui, pendant des
siècles, les dérobent à la connaissance les unes des autres, qu'elles

ne peuvent, dans tous les temps, que difficilement franchir, et qui tendent toujours à les restreindre dans de certaines limites et à leur imprimer ces grandes différences que l'on observe entre elles, dans leurs caractères, leurs mœurs et leurs habitudes.

La nature déploie dans les montagnes ses plus étonnants aspects et tous les charmes de ses beautés pittoresques : des vallées riantes et fertiles, asiles de l'industrie et du bonheur, contrastent avec les sommets nus et stériles qui les entourent, avec ces vastes croupes revêtues de neiges éternelles, et avec ces glaciers resplendissants, séjour du silence et de la mort. C'est sur les hauteurs sublimes des montagnes qu'on respire un air plus pur, qu'on éprouve un sentiment plus vif et plus délicieux de son existence, que l'on contemple les nuages et le tonnerre roulant loin au-dessous de ses pieds, et qu'on embrasse par la vue cet immense horizon où des royaumes entiers paraissent rapetissés et aplatis comme sur nos cartes. Mais c'est aussi dans les montagnes que les forces de la nature semblent dans une lutte continuelle, et menacent le plus l'existence des hommes et des animaux. La neige ou les pierres s'agglomèrent en tombant, se grossissent en roulant, et forment ces terribles avalanches qui engloutissent des villages entiers; des rochers se brisent ou s'écroulent, écrasent les habitations, remplissent des lacs, ou obstruent des rivières qu'ils font déborder. Les orages grondent et éclatent avec un bruit effrayant, et déchaînent des vents qui renversent tout sur leur passage : les pluies produisent en un instant des torrents dévastateurs, et changent en fleuve rapide et menaçant le ruisseau limpide, sur les bords duquel le faible enfant se jouait sans crainte peu d'instants auparavant. C'est enfin dans les montagnes, ou auprès des chaînes qu'elles forment, que l'on contemple avec effroi le plus étonnant, le plus majestueux, le plus redoutable de tous les phénomènes naturels, celui des volcans. Des tourbillons épais d'une noire fumée, une flamme lugubre, des nuages massifs de cendre ou de pierres jaillissent d'un cratère bouillant, et manifestent au dehors le mouvement convulsif des entrailles de la Terre; des flots brûlants

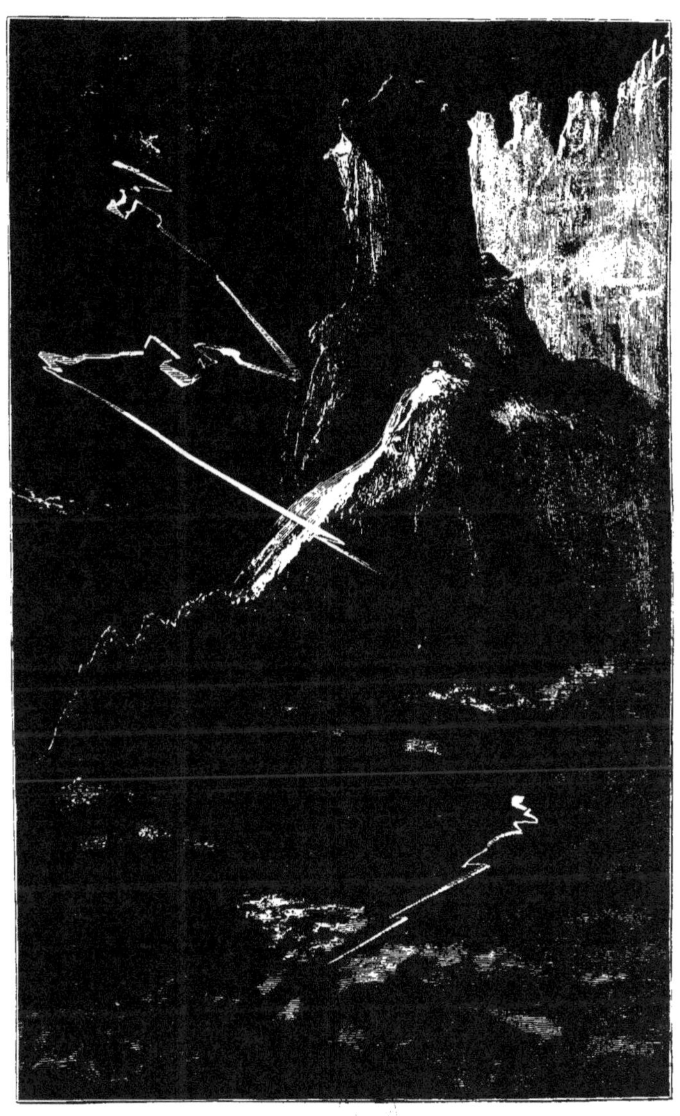

Hautes montagnes dépassant les nuages orageux.

de laves s'en échappent, s'épanchent, et recouvrent un sol riche
et fécond d'une croûte pierreuse et stérile, qui laisse d'éternelles empreintes de ces affreuses éruptions. Souvent, plus
terribles encore, elles sont accompagnées de tremblements
de terre; le sol d'une vaste contrée s'agite, tremble, s'élève,
s'abaisse, tournoie, s'entr'ouvre, et engloutit en un instant des
villes entières.

Walckenaer, Cosmologie.

INFLUENCE HYGIÉNIQUE ET MORALE DES MONTAGNES

L'influence de la *montagne* s'exerce à la fois sur le corps
et sur l'esprit; elle est en même temps hygiénique et morale :
la prudence et la force, l'adresse et le sang-froid, l'énergie et la
constance y reçoivent leur prix. Elle a des impressions fortes et
saines, des enseignements profonds et divers sur l'esprit le plus
simple comme le plus cultivé. Du pied au sommet des Alpes, en
quelques heures de marche, le botaniste, le physicien, le géo-
logue, se transportent de l'Italie à la Laponie; ils ont observé toutes
les flores, tous les climats, tous les âges de notre planète. C'est
dans les montagnes que le géographe va chercher et la source
des fleuves et la limite des empires; c'est dans les montagnes
encore que l'historien retrouve les restes de ces races antiques
qui ont vu se briser à leurs pieds le flot des invasions romaines,
barbares, sarrasines, et qui ont défendu contre les plus puissants
ennemis leur indépendance, leur langue et leur religion.

Mais, sans même s'attacher à ces nobles études, quel est celui
qui peut fermer son âme à une puissante et religieuse émotion,
lorsque, parvenu dans l'azur serein, au sommet de quelque pic
vertigineux, d'où il promène son regard sur un horizon sans
limites, il entend sous ses pieds la tempête qui gronde et roule

de vallée en vallée? Quel est celui qui, contemplant ainsi les
solennelles beautés de la nature, n'a entrevu l'éblouissante vision
de l'infini et ne s'est senti, si l'on peut dire, plus près de Dieu?

ABEL LEMERCIER, *Création d'un Club alpin français.*

LES ASCENSIONS DES MONTAGNES

D'où vient cette joie profonde qu'on éprouve à gravir les hauts
sommets? D'abord c'est une grande volupté physique de respirer
un air frais et vif qui n'est point vicié par les impures émanations
des plaines. On se sent comme renouvelé en goûtant cette atmosphère de vie; à mesure qu'on s'élève, l'air devient plus léger;
on aspire à plus longs traits pour s'emplir les poumons, la poitrine se gonfle, les muscles se tendent, la gaieté entre dans l'âme.
Le piéton qui gravit une montagne est devenu maître de soi-
même et responsable de sa propre vie; il n'est pas livré au caprice des éléments, comme le navigateur aventuré sur les mers;
il est bien moins encore, comme le voyageur transporté par
chemin de fer, un simple colis humain tarifé, étiqueté, contrôlé,
puis expédié à heure fixe sous la surveillance d'employés en
uniforme. En touchant le sol, il a repris l'usage de ses membres
et de sa liberté. Son œil lui sert à éviter les pierres du sentier, à
mesurer la profondeur des précipices, à découvrir les saillies et
les anfractuosités qui faciliteront l'escalade des parois. La force
et l'élasticité des muscles lui permettent de franchir les abîmes,
de se retenir sur les pentes rapides, de se hisser de degré en degré dans les couloirs. En mille occasions, durant l'ascension d'une
montagne escarpée, il comprend qu'il aurait à courir un vrai
danger s'il venait à perdre l'équilibre, ou s'il laissait son regard
se voiler tout à coup par un vertige, ou si les membres lui refu-
saient leur service. C'est précisément cette conscience du péril,

jointe au bonheur de se savoir agile et dispos, qui double dans
l'esprit du marcheur le sentiment de la sécurité. Avec quelle joie
il se rappelle plus tard le moindre incident de l'ascension : les
pierres qui se détachaient de la pente et qui plongeaient dans le
torrent avec un bruit sourd ; la racine à laquelle il s'est suspendu

Ascension d'une montagne escarpée.

pour escalader un mur de rochers, le filet d'eau de neige auquel
il s'est désaltéré ; la première crevasse de glacier sur laquelle il
s'est penché et qu'il osa franchir ; la longue pente qu'il a si péniblement gravie en enfonçant jusqu'à mi-jambes dans la neige ;
enfin la crête terminale d'où il a vu se déployer jusqu'aux brumes
de l'horizon l'immense panorama des montagnes, des vallées
et des plaines ! Quand on revoit de loin la cime conquise au prix
de tant d'efforts, c'est avec un véritable ravissement que l'on découvre, ou que l'on devine du regard le chemin pris jadis des

vallons de la base aux neiges du sommet. La montagne semble
vous regarder; elle vous sourit de loin; c'est pour vous qu'elle
fait briller ses neiges, et que le soir elle s'éclaire d'un dernier
rayon.

Élisée Reclus, La Terre.

VOLCANS

C'est un des phénomènes les plus effrayants et les plus majestueux que l'éruption d'un volcan. Les signes avant-coureurs de
l'explosion annoncent déjà le combat invisible des éléments en
courroux. Ce sont des mouvements violents qui ébranlent au loin
la terre, des mugissements prolongés, des tonnerres souterrains
qui roulent dans les flancs de la montagne tourmentée. Bientôt
la fumée qui sort presque continuellement de la bouche du volcan augmente, s'épaissit, et s'élève sous la forme d'une colonne
noire; le sommet de cette colonne, cédant à son propre poids,
s'affaisse, s'arrondit, et se présente sous l'aspect d'une tête de pin
qui a pour tronc la partie inférieure. Cet arbre hideux ne reste
pas longtemps immobile; les vents en agitent la sombre masse et
la dispersent en rameaux qui forment autant de traînées de
nuages. D'autres fois la scène s'ouvre avec plus d'éclat. Un jet de
flamme s'élève au-dessus des nuages, se tient immobile pendant
quelque temps, et semble alors une colonne de feu qui repose sur
la terre et menace d'embraser la voûte des cieux. Une fumée
noire l'environne et en interrompt de temps en temps l'éclat
éblouissant par des veines obscures. De nombreux éclairs semblent sortir de cette masse enflammée. Soudain la brillante cascade semble retomber dans le cratère, et à ses terribles clartés
succède une nuit profonde. Cependant l'effervescence fait des progrès dans les abîmes intérieurs de la montagne. Des cendres, des
scories, des pierres enflammées s'élèvent en lignes divergentes,

Avalanche

comme les gerbes d'un feu d'artifice, et retombent autour de la
bouche du volcan; d'énormes fragments de rochers semblent
être lancés contre les cieux par les bras de nouveaux Titans;
souvent un torrent d'eau est chassé avec impétuosité et roule en
sifflant sur les rochers enflammés. Enfin, il s'élève du fond de la
coupe ou du cratère une matière liquide et brûlante semblable

Descente de la lave d'un volcan.

à un métal en fusion; elle remplit toute la capacité du cratère et
vient jouer sur les bords de l'orifice. Une quantité abondante de
scories flotte à sa surface; elles se montrent et disparaissent tour
à tour, selon que la masse liquide s'élève ou s'abaisse dans le
cratère où elle semble bouillonner. Ce spectacle, d'une horrible
majesté, n'est que le prélude de désastres réels. La matière liquide
déborde, coule sur les flancs du cône volcanique et descend
jusqu'à sa base. Là quelquefois elle s'arrête, et, semblable à un
serpent de feu, se replie sur elle-même. Plus souvent elle se di-

late et sort de dessous une espèce de croûte solide qui s'est formée à sa surface ; elle s'avance comme un fleuve large et impétueux, détruit et enveloppe tout ce qui se présente sur son passage,
franchit les obstacles qu'elle n'a pu renverser, dépasse les remparts des cités ébranlées, envahit des terrains de plusieurs lieues
d'étendue, et transforme en un instant des campagnes florissantes
et tranquilles en une plaine brûlée, où le désespoir erre parmi
des ruines fumantes.

MALTE-BRUN, *Précis de la Géographie universelle.*

LES SOURCES DES COURS D'EAU

La source, l'endroit où le filet d'eau, caché jusque-là, se montre
soudain, voilà le lieu charmant vers lequel on se sent invincible-
ment attiré. Que la fontaine semble dormir dans une prairie
comme une simple flaque entre les joncs, qu'elle bouillonne dans
le sable en jonglant avec les paillettes de quartz ou de mica, qui
montent, descendent, et rebondissent en un tourbillon sans fin ;
qu'elle jaillisse modestement entre deux pierres, à l'ombre dis-
crète des grands arbres, ou bien qu'elle s'élève avec bruit d'une
fissure de la roche, comment ne pas se sentir fasciné par cette
eau qui vient d'échapper à l'obscurité et reflète si gaiement la
lumière ? En jouissant nous-mêmes du tableau ravissant de la
source, il nous est facile de comprendre pourquoi les Arabes,
les Espagnols, les montagnards pyrénéens, et tant d'autres hommes de toute race et de tout climat, ont vu dans les fontaines des
« yeux » par lesquels les êtres enfermés dans les roches téné-
breuses viennent un moment contempler l'espace et la verdure.
Délivrée de sa prison, la nymphe joyeuse regarde le ciel bleu, les

Source d'une rivière (le Loiret)

arbres, les brins d'herbe, les roseaux qui se balancent; elle reflète la grande nature dans le clair saphir de ses eaux, et sous ce regard limpide nous nous sentons pénétrer d'une mystérieuse tendresse.

De tout temps la transparence de la source fut le symbole de la pureté morale; dans la poésie de tous les peuples, l'innocence est comparée au clair regard des fontaines, et le souvenir de cette image, transmis de siècle en siècle, est devenu pour nous un attrait de plus.

Élisée Reclus, Histoire d'un ruisseau.

EMBOUCHURES DES FLEUVES

Les fleuves et les rivières ont souvent des embouchures tellement évasées, que l'eau y pénètre par le flux, et qu'elles ressemblent à un golfe allongé. Nous nommons estuaires ces sortes d'embouchures. Le fleuve Saint-Laurent, dans l'Amérique septentrionale, celui des Amazones et le Rio de la Plata, dans l'Amérique méridionale, sont au nombre des plus vastes estuaires qui soient sur le globe. La Seine, la Tamise, en Europe, et la plupart des rivières des États-Unis d'Amérique (côte E.) forment aussi des estuaires. L'estuaire de la Garonne se nomme Gironde. Souvent le flux de la mer, en pénétrant dans l'estuaire, s'oppose à l'écoulement des eaux des fleuves ou des rivières, et produit un flot ou une barre d'eau : c'est ce phénomène que, dans la Gironde, on nomme *mascaret*, et que les Indiens du fleuve des Amazones ou du Marañon appellent la *pororoca*. Un bruit effrayant annonce la pororoca à deux lieues de distance; ce bruit augmente et devient terrible, lorsqu'elle s'approche. Bientôt on voit une montagne d'eau de 4 à 5 mètres de hauteur qui s'avance avec rapidité; d'autres la suivent successivement, et les flots pressés occupent toute la largeur de ce vaste estuaire, et forment une immense muraille liquide, qui se précipite avec une vitesse

Barre ou mascaret de la Seine.

prodigieuse, brise et rase, en passant, tout ce qui lui résiste, entraîne les arbres, les rochers, de grands espaces de terre qu'elle a détachés.

WALCKENAER, Cosmologie.

LES LACS, LES ÉTANGS, LES MARAIS, LES TOURBIÈRES

Les lacs parsemés sur la surface de notre planète sont des mers en miniature, reproduisant sur une échelle réduite la plupart des phénomènes de l'Océan, à l'exception des marées. Les eaux de plusieurs sont salées; celles de la plupart sont traversées et agitées par des courants; toutes se rident ou s'enflent au souffle des vents, plusieurs connaissent les tempêtes. Les poissons et les plantes vivent dans leur profondeur, ou animent leur surface, qui reçoit, avec toutes les impressions de l'air et de la

Tourbières exploitées (en Picardie).

lumière, le mobile fardeau de la barque ou du paquebot. Utiles pour la nourriture des hommes et le transport des marchandises, les lacs égayent et embellissent les paysages qui les encadrent, et dont les bords se reflètent, avec l'azur des cieux, dans leurs ondes limpides. Dans les régions boréales, leur glace devient un élément de commerce ; ailleurs on exploite les herbes qui végètent dans leur sein, et la tourbe déposée dans les replis de leurs rivages......

A mesure que diminuent l'étendue et la profondeur, les lacs passent à la forme d'étangs et de marais, où la végétation des roseaux et des sphagnes, des mangliers et des palétuviers dispute le terrain aux eaux ; les détritus accumulés forment des prairies tremblantes ou des tourbières, et, à la longue, la terre consolidée devient pré ou champ. Pour cette transformation, le travail de l'homme aide puissamment à l'action de la nature, par des canaux, par l'extraction ou l'épuisement des eaux, par le colmatage. Le desséchement des marais, dont la Hollande fournit les plus remarquables exemples, est un des traits qui marquent et mesurent le mieux la domination de l'homme sur la planète. Par de tels travaux il n'assainit pas seulement le sol, il purifie l'atmosphère, il raffermit la santé et prolonge la vie des populations.

JULES DUVAL, Notre planète.

DIVERS ASPECTS DE LA MER

Considérant le fond de la mer, nous y remarquons autant d'inégalités que sur la surface de la terre ; nous y trouvons des hauteurs, des vallées, des plaines, des profondeurs, des rochers, des terrains de toute espèce. Nous voyons que toutes les îles ne sont que les sommets de vastes montagnes dont le pied et les racines sont couverts de l'élément liquide ; nous y trouvons d'autres sommets de montagnes qui sont presque à fleur d'eau. Nous y remarquons des courants rapides qui semblent se soustraire au mouvement général. On les voit se porter quelquefois constam-

Mer boréal et île de glace.

ment dans la même direction, quelquefois rétrograder, et ne jamais excéder leurs limites, qui paraissent aussi invariables que celles qui bornent les efforts des fleuves de la terre. Là sont ces contrées orageuses où les vents en fureur précipitent la tempête, où la mer et le ciel, également agités, se choquent et se confondent. Ici sont des mouvements intestins, des bouillonnements, des trombes et des agitations extraordinaires causées par des volcans dont la bouche submergée vomit le feu du sein des ondes, et pousse jusqu'aux nues une épaisse vapeur mêlée d'eau, de soufre et de bitume. Plus loin je vois ces gouffres dont on n'ose approcher, qui semblent attirer les vaisseaux pour les engloutir. Au delà j'aperçois ces vastes plaines, toujours calmes et tranquilles, mais tout aussi dangereuses, où les vents n'ont jamais exercé leur empire, où l'art du nautonier devient inutile, où il faut rester et périr. Enfin, portant les yeux jusqu'aux extrémités du globe, je vois ces glaces énormes qui se détachent des continents des pôles, et viennent, comme des montagnes flottantes, voyager et se fondre jusque dans les régions tempérées.

BUFFON, Théorie de la Terre.

MOUVEMENTS ET PHOSPHORESCENCE DE LA MER

Les mouvements de l'Océan, produits par des vents irréguliers et accidentels, diversifient de mille manières la surface des mers, et leurs effets imposants ou terribles, sombres ou gracieux, ont, dans tous les temps, étonné les regards de l'homme, et fourni de beaux sujets à la poésie et à la peinture.

Mais le plus singulier de tous les phénomènes qu'offre la surface de l'Océan est la phosphorescence de ses eaux, qu'on observe partout, mais plus fréquemment entre les tropiques.

Ici la surface de la mer étincelle et brille comme une étoffe
d'argent; là ses vagues se déploient en nappe immense de
soufre et de bitume embrasés; ailleurs on dirait une mer de
lait dont on n'aperçoit pas l'extrémité. Quelquefois des étoiles
brillantes semblent jaillir par milliers du fond de ses eaux, ou
elle paraît rouler sous ses vagues des masses rouges incandes-
centes, tantôt carrées, tantôt globuleuses, tantôt coniques et

Navigation dans une mer phosphorescente.

pirouettant sur elles-mêmes, tantôt se déployant en guirlandes
éclatantes, ou s'échappant en serpenteaux lumineux. Souvent
même des jets de feux étincelants s'élancent au-dessus de la
surface de l'Océan, et quelquefois on le voit comme décoré
d'une immense écharpe de lumière mobile, onduleuse, dont les
extrémités vont se rattacher aux bornes de l'horizon. Ces phénomènes paraissent entièrement dus aux mollusques et aux zoophytes mous qui flottent à la surface de l'eau, et qui peuvent

à chaque instant modifier leurs formes déjà irrégulières et bizarres : quelques espèces, réunies en nombreuses légions, composent des bancs de trente à quarante lieues d'étendue, qui resplendissent, dans les ténèbres, de couleurs de rose, d'azur et d'opale.

Walckenaer, Cosmologie

MARÉES ET COURANTS

Deux fois en vingt-quatre heures, sous l'action combinée du Soleil et de la Lune, la surface du globe voit les flots des grandes mers s'enfler, se dérouler, avancer en montant vers le rivage de l'occident, comme pour l'envahir et l'inonder, et heurter les falaises verticales, comme pour les renverser ; et puis, à des moments précis et d'avance calculés, le flot s'arrête, descend, recule, s'éloigne du rivage, et reprend, en sens opposé, une course pareille vers le rivage de l'orient, allant et venant d'un bord à l'autre, comme un immense pendule. Ces solennelles et périodiques oscillations sont les marées, qui alternativement élèvent et abaissent les océans, en modifient le niveau par le jeu puissant du flux et du reflux. La régularité du rhythme grandiose fait de ce phénomène l'une des plus sublimes harmonies de la nature. Mais la régularité n'est pas une monotone répétition. Soumises, suivant les positions respectives du Soleil, de la Lune et de la Terre, à des variations de toutes les heures et de tous les jours, qui elles-mêmes ne se renouvellent jamais identiques dans le cours des années et des siècles, les marées dessinent sur les rivages des lignes d'une hauteur changeante, comprises entre certaines limites, d'après lesquelles se règlent l'arrivée ou le départ des navires, les constructions et les règlements des ports..... L'équilibre de chaleur et de salure, joint à la rotation terrestre et à l'action des vents, détermine les courants qui entretiennent la circulation permanente des eaux de la mer.

Il en est un nombre infini d'accidentels et de temporaires, occasionnés par quelque influence passagère, vent ou tempête.

Dans l'océan Pacifique, le principal courant, venu du voisinage des terres antarctiques, en avançant vers l'Amérique, se bifurque en deux branches, dont l'une, se repliant au sud, contourne le cap Horn, dont l'autre se déroule le long de la côte occidentale, jusqu'à la zone torride. Là, il se détourne à l'ouest, et, formant le courant équatorial, il va heurter l'Australie, qui le divise en trois nouvelles branches, suivant que ses flots se portent vers la côte sud-est et la Nouvelle-Zélande, ou vers le labyrinthe de l'archipel Malais, ou vers l'Asie orientale, à la rencontre du Japon, qui l'infléchit au nord-est, d'où il se replie vers l'Amérique, en baigne les côtes et rentre dans le courant équatorial. Le courant de l'océan Atlantique, soumis aux mêmes lois, suit une marche pareille, sans autres variations que celles qui résultent de la configuration différente des terres qu'il rencontre. Venant des terres australes, il s'avance vers la pointe de l'Afrique, à la hauteur de laquelle, vers l'ouest, il se bifurque. Une branche tourne au sud et devient un courant traversier de l'océan Indien; l'autre continue à suivre la côte occidentale d'Afrique jusqu'au golfe de Guinée : là il tourne à l'ouest, et devient le courant équatorial, jusqu'à ce qu'il frappe le cap Saint-Roch, du Brésil, qui le divise en deux, comme avait fait l'Australie. La moindre branche suit au sud-ouest la côte du Brésil ; la plus forte remonte vers le nord-ouest, se jette, à travers les îles des Antilles, dans le bassin arrondi du golfe du Mexique, où il devient le *Gulf-stream*. Sous ce nom nouveau et célèbre, le courant remonte, à travers le canal de Bahama, la côte nord-orientale de l'Amérique; puis, déviant à l'est, il projette vers les régions polaires une branche qui se perd au sud du Spitzberg, et une seconde vers les îles Britanniques et la presqu'île Scandinave, tandis qu'une troisième se replie, à la hauteur de la France et de l'Espagne, vers l'Afrique et vers l'équateur, où elle va se fondre dans le courant équatorial.....

Jules Duval, Notre planète.

ASPECT DES DIVERSES ZONES

Rien n'égale la beauté majestueuse de l'été dans la zone torride. Le soleil, à son lever, traverse en un instant les nuages brûlants de l'orient, et remplit la voûte des cieux d'une lumière éblouissante, dont aucune trace d'ombre n'interrompt la splendeur. La lune brille ici d'un éclat moins pâle; les rayons de Vénus sont plus vifs et plus purs, la Voie lactée répand une clarté plus scintillante. A cette pompe des cieux, il faut ajouter la sérénité de l'air, le calme des flots, le luxe de la végétation, les formes gigantesques des plantes et des animaux, toute la nature plus grande, plus animée, et cependant moins inconstante et moins mobile. Les zones tempérées sont dédommagées par les charmes doux et variés du printemps et de l'automne, par les chaleurs modérées de l'été et les rigueurs salutaires de l'hiver. Cette succession de quatre saisons n'est point connue au delà du tropique ni vers les pôles. Même la partie de la zone tempérée boréale qui s'étend entre le tropique et le 35e degré de latitude ressemble en beaucoup d'endroits à la zone torride. Jusque vers le 40e degré, la gelée dans les plaines n'est ni forte ni de longue durée; il est également rare d'y voir tomber la neige, quoique, sans doute, il ne soit pas vrai que, lors d'une chute de neige, les dames de Rome ou de Naples sortent de la comédie pour jouir d'un spectacle si extraordinaire, ni que les académiciens courent, la lorgnette à la main, examiner cet étonnant phénomène. Les contrées élevées ressentent toute la rigueur de l'hiver, et les arbres, même dans la plaine, perdent leur feuillage et restent dépouillés de verdure dans les mois de novembre et de décembre.

MALTE-BRUN, *Précis de la Géographie universelle.*

CHANGEMENTS QU'ÉPROUVE AVEC LE TEMPS LA SURFACE DE LA TERRE

La nature étant contemporaine de la matière, de l'espace et du temps, son histoire est celle de toutes les substances, de tous les lieux, de tous les âges ; et, quoiqu'il paraisse à la première vue que ses grands ouvrages ne s'altèrent ni ne changent, et que dans ses productions, même les plus fragiles et les plus passagères, elle se montre toujours et constamment la même, puisqu'à chaque instant ses premiers modèles reparaissent à nos yeux sous de nouvelles représentations ; cependant, en l'observant de près, on s'apercevra que son cours n'est pas absolument uniforme : on reconnaîtra qu'elle admet des variations sensibles, qu'elle reçoit des altérations successives, qu'elle se prête même à des combinaisons nouvelles, à des mutations de matière et de forme ; qu'enfin autant elle paraît fixe dans son tout, autant elle est variable dans chacune de ses parties ; et si nous l'embrassons dans toute son étendue, nous ne pourrons douter qu'elle ne soit aujourd'hui très-différente de ce qu'elle était au commencement et de ce qu'elle est devenue dans la succession des temps. Ce sont ces changements divers que nous appelons ses époques. La nature s'est trouvée dans différents états : la surface de la Terre a pris successivement des formes différentes ; les cieux mêmes ont varié, et toutes les choses de l'univers physique sont, comme celles du monde moral, dans un mouvement continuel de variations successives. Par exemple, l'état dans lequel nous voyons aujourd'hui la nature est autant notre ouvrage que le sien; nous avons su la tempérer, la modifier, la plier à nos besoins, à nos désirs; nous avons sondé, cultivé, fécondé la Terre : l'aspect sous lequel elle se présente est donc bien différent de celui des temps antérieurs à l'invention des arts. L'âge d'or de la morale, ou plutôt de la Fable, n'était que l'âge de fer de la physique et de la vérité. L'homme de ce temps, encore à demi sauvage, dispersé, peu nombreux, ne sentait pas sa puissance, ne connaissait pas sa vraie richesse; le trésor de ses lumières était enfoui; il ignorait la force des volontés unies, et ne se doutait pas que, par la société et par des travaux suivis et concertés, il viendrait à bout d'imprimer ses idées sur la face entière de l'univers.

Buffon, les Époques de la nature.

LE PERFECTIONNEMENT DE LA NATURE PAR L'HOMME

Voyez ces plages désertes, ces tristes contrées où l'homme n'a jamais résidé, couvertes ou plutôt hérissées de bois épais et noirs dans toutes les parties élevées; des arbres sans écorce et sans cime, courbés, rompus, tombant de vétusté; d'autres, en plus grand nombre, gisants au pied des premiers pour pourrir sur des monceaux déjà pourris, étouffent, ensevelissent les germes près d'éclore. La nature, qui partout ailleurs brille par sa jeunesse, paraît ici dans sa décrépitude; la terre, surchargée par le poids, surmontée par les débris de ses productions, n'offre, au lieu d'une verdure florissante, qu'un espace encombré, traversé de vieux arbres chargés de plantes parasites, de lichens, d'agarics, fruits impurs de la corruption. Dans toutes les parties basses, des eaux mortes et croupissantes, faute d'être conduites et dirigées; des terrains fangeux qui, n'étant ni solides ni liquides, sont inabordables, et demeurent également inutiles aux habitants de la mer et des eaux; des marécages qui, couverts de plantes aquatiques et fétides, ne nourrissent que des insectes venimeux, et servent de repaire aux animaux immondes. Entre ces marais infects qui occupent les lieux bas, et les forêts décrépites qui couvrent les terres élevées, s'étendent des espèces de landes, des savanes qui n'ont rien de commun avec nos prairies : les mauvaises herbes y surmontent, y étouffent les bonnes; ce n'est point ce gazon qui semble faire le duvet de la terre, ce n'est point cette pelouse émaillée qui annonce sa brillante fécondité, ce sont des végétaux agrestes, des herbes dures, épineuses, entrelacées les unes dans les autres, qui semblent moins tenir à la terre qu'elles ne tiennent entre elles, et qui, se desséchant et repoussant successivement les unes sur les autres, forment une bourre grossière, épaisse de plusieurs pieds. Nulle route, nulle communication, nul vestige d'intelligence dans ces lieux sauvages. L'homme, obligé de suivre les sentiers de la bête féroce, s'il veut les parcourir, est contraint de veiller sans cesse pour éviter d'en devenir la proie; effrayé de leurs rugissements, saisi du silence même de ces profondes solitudes, il rebrousse chemin.

BUFFON, Histoire naturelle.

GÉOGRAPHIE ZOOLOGIQUE
ET BOTANIQUE

DISTRIBUTION GEOGRAPHIQUE DES ANIMAUX, LEUR MIGRATION

La géographie nous fait connaître de quelle manière les corps bruts et organisés sont distribués sur la surface du globe, puisque de cette distribution dépendent l'aspect des diverses contrées de la Terre, leur degré de stérilité, la chaleur plus ou moins grande qu'ils éprouvent, et enfin tout ce qui les caractérise.

Elle forme donc la base de l'étude de la nature et de toutes les sciences naturelles.

La vie est répandue dans toute la nature : dans les airs voltigent les oiseaux; dans les eaux nagent les poissons; les mollusques s'y meuvent, les zoophytes s'y développent. Sur le sol de la Terre, les quadrupèdes bondissent et courent, et les reptiles se traînent; des vers et des animalcules informes et sans nombre se cachent dans ses profondeurs. Les insectes, dans leurs triples métamorphoses, commencent dans l'onde, dans la terre, dans les plantes, ou même dans les autres animaux, leur existence encore imparfaite, et s'élancent ensuite dans les airs. Les végétaux nourrissent d'autres végétaux parasites, et une innombrable quantité d'animalcules vivent et se perpétuent dans les corps des autres animaux ou dans les fluides, se dessèchent, s'évaporent, ou meurent avec eux.

Mais il y a pour la reproduction des êtres un effet général qui, dans chaque hémisphère, dépend de sa position à l'égard du Soleil. Lorsqu'un hémisphère s'en éloigne, la reproduction y semble arrêtée ou diminuée; mais, lorsque après être revenu aux points équinoxiaux, il se penche vers l'astre générateur, alors une séve de feu le pénètre; il éprouve une fermentation vitale, une agitation intérieure. La chaleur fond les neiges qui couvrent les campagnes, brise et dissout jusque sous le pôle les masses énormes de glaces que l'hiver y avait accumulées; les vents chauds et pluvieux soulèvent les mers, font déborder les fleuves, les rivières et les ruisseaux; les vieux arbres, les immondices, les troncs desséchés sont entraînés : le sol est nettoyé de tout ce qui pourrait nuire à la végétation future. A chaque révolution de la Terre, une ceinture de végétaux éclôt sous chaque parallèle; les diverses tribus d'insectes qu'ils nourrissent se développent avec eux; chaque espèce d'oiseau se rend à l'espèce de plante qui lui est connue. Les poissons quittent en foule les abîmes de l'Océan, attirés aux embouchures des fleuves par des nuées d'animalcules qu'entraînent leurs eaux, ou qui éclosent le long de leurs rivages; ils remontent contre leur cours, s'avancent en bondissant jusqu'à leurs sources, ou se laissent entraîner au courant général des mers. Les quadrupèdes mêmes changent alors d'habitations et entreprennent de longs voyages. Enfin, les airs, les eaux, les forêts et les rochers paraissent animés, et semblent avoir des voix et des murmures qui leur sont propres.

Les oiseaux jouissent des avantages que leur procure la faculté de s'élever dans les airs qui leur a été accordée par la nature. Un grand nombre traversent l'atmosphère à des époques régulières, passent l'hiver dans les pays chauds et l'été dans les pays froids : ainsi les cailles, oubliant leurs habitudes lourdes et paresseuses, quittent les pays du Nord en août, s'avancent vers la Méditerranée, osent abandonner les côtes d'Europe, et, se posant d'îles en îles, parviennent en septembre sur la côte opposée d'Afrique; elles passent l'hiver sur ce grand continent, et reviennent ensuite retrouver dans nos climats un été moins brûlant. Il y a un échange continuel d'habitations entre ces phalanges aériennes; et la marche du Soleil tantôt les amène vers l'équateur, tantôt les repousse vers les pôles. Dans notre belle

France, les hirondelles, en rasant la terre pour attraper les insectes qui voltigent à sa surface, nous annoncent le retour du printemps, et leurs émigrations, après l'équinoxe de septembre, sont les avant-coureurs des rigueurs de l'hiver. Dès que la fauvette, le loriot, le rossignol et les aimables hôtes de nos bois ont disparu, après les premiers froids de l'automne, on voit arriver, par un temps sombre et grisâtre, des détachements de bécasses, de vanneaux et de pluviers, des bandes triangulaires de grues, de cigognes, de sarcelles, d'oies et de canards. Ainsi, dans l'atmosphère comme sur la terre, la vie ne s'entretient que par le mouvement, et le repos ne s'acquiert que par la fatigue. Cependant, malgré cette existence erratique, les oiseaux contractent aussi des habitudes auxquelles ils restent fidèles. Les oiseaux d'eau ou les palmipèdes recherchent toujours leurs rivages accoutumés; les grimpeurs, les arbres élevés; les oiseaux de proie, les rochers, les hautes montagnes et les lieux solitaires; les oiseaux nocturnes, les antres et les cavernes; les gallinacés, les champs couverts de graminées. Tous, après de longs voyages dans les airs, aiment à se fixer sur la terre, tâchent de retrouver les habitations qu'ils avaient abandonnées, et reconnaissent avec délices les nids de leurs amours et les berceaux de leur naissance.

WALCKENAER, Cosmologie.

UN MONDE SOUS LES FLOTS

Penchés à l'avant de la barque, nous regardions passer sous nos yeux des plaines, des vallons, des collines, dont les pentes tantôt nues, tantôt tapissées de vertes prairies, ou comme hérissées de buissons aux teintes verdâtres, rappelaient les points de vue de la terre ferme. Notre regard scrutait les moindres aspérités des roches entassées, plongeait à plus de cent pieds dans des précipices à pic, et partout les ondulations du sable, la vive arête de la pierre, les touffes d'algues et de fucus ressortaient avec une si étonnante netteté, que nous perdions pour ainsi dire le sentiment de la réalité. Entre nous et cette contrée pittoresque et riante, nous n'apercevions plus l'intermédiaire du liquide qui lui servait d'atmosphère et nous portait à sa surface. Il nous semblait être suspendus dans le vide, ou plutôt, réalisant un de ces rêves que tout homme a faits bien des fois, nous croyions planer comme l'oiseau, et contempler du haut des airs ces mille accidents de terrain.

Des êtres aux formes bizarres peuplaient ces paysages sousmarins, et leur prêtaient une physionomie étrange. Des poissons, tantôt isolés comme les passereaux de nos bois, tantôt réunis en troupes comme nos pigeons ou nos hirondelles, erraient parmi les grosses pierres, fouillaient les buissons des plantes marines, et s'enfuyaient effrayés, voyant notre esquif passer au-dessus de leur tête. Des caryophyllies, des gorgones et cent autres polypiers s'épanouissaient en touffes de fleurs vivantes, se ramifiaient en arbrisseaux dont chaque bourgeon était un animal, et se distinguaient à peine des véritables végétaux qui entrelaçaient leurs tiges, leurs frondes diaprées à ces branchages animés. D'énormes holothuries, d'un brun foncé, rampaient sur le sable, ou gravissaient péniblement le rocher, en agitant leur couronne de tentacules ; tandis qu'à côté d'elles, les astéries, d'un rouge grenat, restaient immobiles en étendant leurs

cinq bras rayonnés. Des mollusques, assez semblables par la
forme à des limaces ou à des escargots, mais bien différents par
la taille et la couleur, se traînaient lentement comme leurs
frères terrestres, tandis que des crabes pareils à d'énormes
araignées les heurtaient dans leur course oblique et rapide, et
parfois les saisissaient de leurs redoutables pinces. D'autres crus-
tacés, voisins de nos chevrettes, de nos homards de l'Océan, se
jouaient dans les touffes d'algues, venaient s'exposer un instant
à la pure lumière du ciel, et, à la moindre alarme, regagnaient
brusquement, d'un coup de queue, l'abri de leurs sombres
retraites.

A. DE QUATREFAGES, Souvenirs d'un naturaliste

ANIMAUX DE LA MER

C'est l'Océan qui renferme les plus grands de tous les êtres
créés : les énormes cétacés, les baleines, les cachalots, les phy-
sétères, les narvals, les dauphins; seuls, au milieu des muets
habitants des eaux, ils ont la faculté de faire entendre les cris
de la douleur, ou de mêler leurs mugissements effrayants au
bruit des tempêtes; seuls, parmi tous les êtres créés, quoique vivant dans l'eau, ils respirent comme des espèces terrestres, et leurs femelles nourrissent du lait de leurs mamelles
les jeunes cétacés qu'elles ont portés dans leurs flancs, et qui
viennent tout formés à la lumière. Le temps et l'espace semblent
appartenir plus particulièrement à ces êtres singuliers; ils sont
supérieurs à tous les autres animaux par la durée de leur vie,
comme par la vitesse de leurs mouvements. Cette vitesse est
telle que, dans plusieurs espèces, elle surpasse la rapidité des
vents alizés : la baleine parcourt plus de 10 mètres par seconde,
et pourrait, si elle n'avait pas besoin de repos, aller d'un pôle
à l'autre en vingt-deux jours.

Une multitude de poissons, de crabes, de mollusques se rencontrent dans toutes les mers : près des pôles, et dans les canaux qui séparent les montagnes de glace, sur les mers des zones tempérées, ou sous le ciel brûlant des mers équatoriales, partout le navigateur trouve le dauphin, qui semble se plaire autour de lui, et qui, par sa natation rapide, par ses évolutions vives et folâtres, anime les immenses solitudes de l'Océan, ou charme l'ennui des calmes prolongés. Le cachalot macrocéphale dépose dans toutes les mers son excrément parfumé, que nous nommons ambre gris. On a vu des troupes de thons voyageurs, abrités par l'ombre mobile des vaisseaux qui les protégeaient contre une lumière trop vive ou une chaleur trop ardente, suivre une escadre pendant un trajet de quinze cents lieues.

Walckenaer, Cosmologie.

DISTRIBUTION GÉOGRAPHIQUE DES VÉGÉTAUX

Quoique les végétaux aient des espèces moins nombreuses que le règne animal, ils influent davantage sur la physionomie générale de la nature : une terre privée de ces êtres paraît morte et affreuse ; celle qui est parée de leur verdure offre, au contraire, à l'œil un aspect riant et gracieux.

Le règne végétal est distribué sur le globe d'une manière très-inégale. « Qu'il est diversement tissu, dit poétiquement Humboldt, le tapis dont la prodigue déesse des fleurs couvre la nudité de notre planète ; plus serré dans les climats où le soleil s'élève à une grande hauteur vers un ciel sans nuage ; plus lâche vers les pôles engourdis, où le retour de la gelée tue le bouton développé ou saisit le fruit mûrissant ! »

A la vérité, si, sortant des forêts touffues de nos régions septentrionales, on se rend en Italie, en Espagne, ou sur les côtes africaines de la Méditerranée, il semble d'abord que le caractère des climats chauds est d'être dénués d'arbres. Mais ces contrées avaient un autre aspect, lorsque les colonies grecques, phéniciennes et carthaginoises commencèrent à y fonder des établissements : une civilisation antique de l'espèce humaine recule les forêts, et prive peu à peu la terre de sa parure. Quant aux déserts de l'Afrique septentrionale et du sud-ouest de l'Asie, ils ne doivent être considérés que comme des phénomènes locaux. L'existence de ces plaines arides au milieu des contrées enrichies d'une abondante végétation provient sans doute d'anciennes révolutions physiques. Celui donc qui sait d'un regard embrasser la nature voit que, depuis le pôle jusqu'à l'équateur, à mesure que la chaleur vivifiante s'accroît, la force de la végétation augmente aussi graduellement. Néanmoins, des beautés particulières sont réservées à chaque zone : aux climats équinoxiaux appartiennent la diversité de forme et la grandeur des végétaux; aux climats du Nord, l'aspect des prairies, des champs cultivés, et le réveil périodique de la nature.

La connaissance du caractère des végétaux dans les diverses contrées est liée de la manière la plus intime à l'étude du cœur et de l'esprit humain. De toutes les apparences extérieures qui, dans le monde physique, influent sur la disposition de notre âme, la masse des plantes est sans contredit la plus puissante. Quelle différence de sensations n'éprouve pas l'homme dans les riantes vallées de la Grèce ou de l'Asie Mineure, au sein des cultures fécondes mais monotones de l'Europe moyenne, dans les sombres forêts du Nord, et sous l'ombrage du palmier majestueux, au milieu de la végétation embaumée des tropiques! Et dans un même pays, ne se sent-on pas différemment disposé à l'ombre épaisse des hêtres, au pied des noirs sapins, et sous les feuilles tremblantes du bouleau?

E. CORTAMBERT, Physiographie.

GÉOGRAPHIE ANTHROPOLOGIQUE

AVANTAGES PHYSIQUES DE L'ESPÈCE HUMAINE

Les désavantages apparents de notre organisation hâtent même le perfectionnement de notre existence. Doués de la force du lion, cuirassés comme l'éléphant, couverts d'une peau impénétrable au froid et à l'humidité, nous serions peut-être restés engourdis dans une stupide indolence, sans arts et sans industrie. La délicate faiblesse du corps humain au moment de sa naissance, la lenteur de son accroissement, la multiplicité de ses besoins, toutes ces infirmités, tous ces maux que la nature nous a donnés pour escorte, sont autant d'aiguillons qui ont excité notre sens intérieur, autant de liens qui ont uni l'homme à l'homme et fait naître les premières sociétés. De la faiblesse prolongée de notre enfance résulte la société intime des parents et des enfants; de cette association naît la perpétuité de l'union conjugale. La réunion des hommes en familles est suivie de la formation des tribus et des nations. C'est en se réunissant à ses semblables, sous une commune loi, que l'homme s'est pour ainsi dire créé homme; c'est en appréciant sa faiblesse et en inventant des instruments, qu'il s'est emparé des forces infinies de la nature entière : il a senti son indigence, voilà sa vraie richesse. Cet animal, si distingué de tous les autres, forme, dans la série des êtres, un ordre isolé qui ne contient qu'un seul genre et une seule espèce; car on entend par espèce un ensemble d'êtres organiques qui se reproduisent entre eux, et qui ne diffèrent que par des qualités variables et étrangères aux caractères qui constituent l'espèce. Or, toutes les races humaines que nous connaissons produisent, par leurs mélanges, des individus féconds ou capables de produire à leur tour. D'un autre côté, les différences qu'on observe entre ces races se bornent à des qualités que nous voyons encore tous les jours varier par l'influence du climat, de la nourriture et des maladies.

MALTE-BRUN, *Précis de la Géographie universelle.*

ALIMENTS DIVERS DES PEUPLES

L'homme a d'abord trouvé pour nourriture les fruits des arbres dont vivent encore plusieurs tribus sauvages; mais il a promptement associé à ce moyen d'alimentation insuffisant le produit de la chasse et de la pêche. Pour satisfaire son appétit, aiguisé souvent par un long jeûne, il a, comme l'animal, dévoré sa proie encore presque vivante, sans la préparer. Cette voracité subsiste chez un grand nombre de populations sauvages qui n'occupent pas un des derniers degrés de l'échelle sociale, et ce goût pour la chair crue s'est même conservé chez quelques populations, telles que les Abyssins, parvenus déjà à un état social avancé. Le besoin de conserver pendant plusieurs jours la chair destinée à la nourriture, d'amollir les parties dures et osseuses que les dents ne pouvaient broyer, conduisit à la faire cuire.

Deux causes tendirent à modifier et à particulariser le système d'alimentation de chaque tribu ou de chaque race : d'abord la diversité des productions du pays, puis la variété des constitutions physiques, des tempéraments, qui fait préférer tel ou tel mode d'alimentation, et qui dépend elle-même en grande partie du climat. L'homme sauvage n'éprouve pas d'ailleurs le besoin d'une variété incessante d'aliments que s'est créé le raffinement européen. Chaque peuple, sauvage ou barbare, a une alimentation circonscrite, qui est celle que lui fournit son sol, et dont il ne s'éloigne pas. Aussi les anciens désignaient-ils une foule de peuples par les noms des aliments dont ils usaient presque exclusivement.

Les Groenlandais, les Tchouktchis, les Pécherais vivent, presque exclusivement de poisson ou de la chair des animaux marins. Les peuples chasseurs préfèrent la venaison, et les peuples pasteurs la viande de leurs troupeaux ou des animaux domestiques. Dans l'Amérique du Nord, les Comanches et quelques autres peuplades indiennes n'ont d'autre nourriture que la chair des bisons, dont la chasse fait presque toute leur occupation. De même, les peuplades sibériennes et laponnes vivent de la chair du renne; les Kalmouks, de la chair de cheval. Plusieurs populations polynésiennes, chez lesquelles les mammifères étaient fort rares, mangeaient du chien, dont la chair devenait coriace à raison de la nature végétale qu'on lui donnait exclusivement.

Les oiseaux, que le sauvage atteint de ses flèches, entrent aussi pour une certaine part dans sa nourriture. Mais ce ne sont que les populations les plus sauvages, telles que plusieurs peuplades de l'Océanie, certaines tribus nègres, qui mangent les serpents, les crapauds et d'autres reptiles. Quelques-unes, plus sauvages encore, telles que les Nayas de l'Assam et certaines peuplades de l'Amérique, dévorent jusqu'aux insectes.

Chez les populations agricoles, la nourriture végétale prédomine, surtout dans les climats chauds, où le besoin d'alimentation se fait moins sentir. Chez les peuples des climats tempérés, et à mesure qu'on remonte vers le nord, on voit la viande entrer pour une proportion plus forte dans l'alimentation.

ALFRED MAURY, la Terre et l'Homme.

FACILITÉ D'ACCLIMATATION DE L'ESPÈCE HUMAINE

Le corps humain supporte, sur les bords du Sénégal, un degré de chaleur qui fait bouillir l'esprit-de-vin; dans le nord-est de l'Asie, il résiste à un froid qui rend le mercure solide et malléable. Des expériences prouvent que l'homme est plus capable que la plupart des animaux de supporter un très-grand degré de chaleur. On peut croire que notre corps résisterait également à un froid extrême, pourvu qu'il eût les mouvements libres. Comme d'ailleurs le froid ne doit guère augmenter au delà du 78ᵉ ou du 80ᵉ degré, il est probable que l'homme ferait voile sous les pôles, s'il n'était pas arrêté par les glaces.

La faculté qu'a l'homme de s'acclimater partout et en peu de temps paraît venir de la même cause qui rend sa santé moins ferme et moins durable que celle des animaux. Les animaux doivent à la plus grande affinité des molécules de leur corps avec la matière brute des instincts qui nous manquent. Nos sens, au contraire, ne sont si irritables, notre corps n'est si susceptible d'impressions, la fougue de nos passions n'est si impétueuse, que parce que toute notre organisation est plus fine, plus délicate, plus spirituelle pour ainsi dire. L'instabilité de notre santé et l'incertitude du terme de notre vie dépendent essentiellement de cette mobilité de nos organes. Mais, grâce à cette même mobilité, nos organes se plient avec facilité et promptitude aux volontés de notre âme. Une ferme résolution de ne point se laisser vaincre par une maladie est, de l'aveu de tous les médecins, un des remèdes les plus efficaces, tandis qu'une imagination craintive aggrave la moindre indisposition. C'est ainsi que notre corps, pour s'endurcir et se roidir contre l'influence d'un climat nouveau, n'attend que les ordres de l'intelligence à laquelle il sert d'organe ; sous chaque climat, les nerfs, les muscles, les vaisseaux, en se tendant ou se relâchant, en se dilatant ou se resserrant, prennent bientôt l'état habituel qui convient au degré de chaleur ou de froid que le corps éprouve.

MALTE-BRUN, *Précis de la Géographie universelle.*

EUROPE

—

FRANCE

UNITÉ DE LA FRANCE

La France, malgré la variété que présente le sol ou plutôt
à cause de la manière dont sont disposés les éléments de cette
variété, est un des pays de la Terre dont la population est le plus
naturellement homogène, ou du moins la mieux reliée dans
toutes ses parties. . . . .

. . . .

C'est la réunion des terres élevées du Midi avec les plaines
du Nord qui présente ce caractère d'homogénéité de climat dont
toute la France ressent l'influence, et qui fait que la nation française est une des plus grandes réunions d'hommes d'une com-
plexion analogue.

L'unité de la France est due, en grande partie, à ce que le noyau montagneux du Midi, à cause de son élévation, est beaucoup plus froid, proportionnellement à sa latitude, que le bassin du Nord; d'où il résulte que, abstraction faite de la Gascogne et du littoral de la Méditerranée, le sol de la France présente, jusqu'à un certain point, dans tous les départements, la même température moyenne.

Si les relations de hauteur dont nous venons de parler étaient renversées, si les terres basses du nord de la France étaient portées au centre, et que les terres élevées du centre fussent portées au nord, la France serait partagée entre deux nations presque distinctes, comme la Grande-Bretagne entre les Anglais et les Écossais.

La Gascogne et le littoral de la Méditerranée sont les deux exceptions les plus notables qu'on puisse citer aux observations générales qui viennent d'être présentées; aussi remarque-t-on que les noms de Gascons et de Méridionaux désignent les distinctions les plus tranchées qu'on puisse signaler parmi les Français.

Élie de Beaumont et Dufrénoy,
Explication de la Carte géologique de France.

LES DEUX POLES GÉOLOGIQUES DE LA FRANCE

Les deux parties principales du sol de la France, le *Dôme de l'Auvergne* (plateau Central) et le *Bassin de Paris* (Neustrie), quoique circulaires l'un et l'autre, présentent des structures diamétralement contraires. Dans chacune d'elles, les parties sont coordonnées à un centre; mais ce centre joue dans l'une et dans l'autre un rôle complétement différent.

Ces deux pôles de notre sol, s'ils ne sont pas situés aux deux

extrémités d'un même diamètre, exercent en revanche, autour
d'eux, des influences exactement contraires : l'un est en creux et
attractif; l'autre, en relief, est répulsif.

Le *pôle en creux*, vers lequel tout converge, c'est *Paris*,
centre de population et de civilisation. Le *Cantal*, placé vers le
centre de la partie méridionale, représente assez bien le *pôle
saillant* et répulsif.

Tout semble fuir en divergeant de ce centre élevé, qui ne reçoit
du ciel que la neige qui le couvre pendant plusieurs mois de
l'année. Il domine tout ce qui l'entoure, et ses vallées divergentes versent les eaux dans toutes les directions. Les routes
s'en échappent en rayonnant comme les rivières qui y prennent
leurs sources. Il repousse ses habitants, qui, pendant une partie
de l'année, émigrent vers des climats moins sévères.

L'un de nos deux pôles est devenu la capitale de la France et
du monde civilisé; l'autre est resté un pays pauvre et presque
désert. Comme Athènes et Sparte, dans la Grèce, l'un réunit
autour de lui les richesses de la nature, de l'industrie et de la
pensée; l'autre, fier et sauvage, au milieu de son âpre cortége,
est resté le centre des vertus simples et antiques, et, fécond
malgré sa pauvreté, il renouvelle sans cesse la population des
plaines par des essaims vigoureux et fortement empreints de
notre ancien caractère national.

Élie de Beaumont et Dufrénoy,
Explication de la Carte géologique de France.

TABLEAU MORAL DE LA FRANCE

Noble dispensatrice des palmes de la gloire, asile du goût et
des beaux-arts, la France exerce sur l'univers intellectuel une
influence semblable à celle qu'avait jadis la Grèce sur le monde

civilisé : sa langue, répandue dans toutes les contrées, est celle des cours et de la diplomatie; sa littérature est, chez toutes les nations, l'aliment des esprits éclairés. Dans les travaux scientifiques, elle a peu de rivales, et elle a plus d'une fois dicté des lois à l'Europe, effrayée de sa suprématie militaire.....

Les changements de mœurs, les progrès de la civilisation, peuvent altérer le caractère du peuple, mais non le changer entièrement : qui ne reconnaîtrait le Français de nos jours dans le portrait que César, Strabon et d'autres auteurs nous ont laissé des anciens Celtes? Malgré leur mélange avec les Francs, leurs vainqueurs, les traits qui les distinguaient ne se sont point effacés. Les *Celtæ, Galli,* ou Gaulois, étaient gais, frivoles, spirituels et satiriques, prompts dans leurs résolutions, intrépides dans les combats, attachés à leur patrie, et jaloux de leur liberté. Leur franchise et leur susceptibilité sont telles, dit Strabon, que chacun ressent les injustices qu'on fait à son voisin, et qu'ils éprouvent le besoin de manifester haut leur indignation. Ils aiment à parler de leur gloire, ajoute César; mais leur inconstance fait qu'ils sont aussi présomptueux au moment de leurs succès que faciles à décourager à la moindre défaite. D'autres auteurs anciens nous les représentent remplis d'ostentation et de recherche dans leur parure, prévenants envers les étrangers, et portant l'exercice de l'hospitalité jusqu'à punir de mort l'assassin d'un de ceux-ci, tandis que celui d'un citoyen n'était puni que de l'exil. Dès la plus haute antiquité, l'amour de la liberté avait fait établir chez eux l'usage de choisir leurs magistrats, de restreindre l'autorité du prince, et de n'accorder des subsides qu'après en avoir délibéré dans leurs assemblées populaires. La politesse qui les distinguait de tous les peuples que les anciens comprenaient sous le nom de barbares; la facilité avec laquelle ils adoptèrent la civilisation et les arts des Romains, contribuèrent à cimenter l'estime que ceux-ci leur conservaient. Tels étaient les Celtes, tels sont encore les Français sous plusieurs rapports. Ainsi s'explique les différences que l'on remarque entre ce peuple et les autres Européens : la race celtique devait

à sa constitution physique les qualités qui la rendaient susceptible d'un certain degré de perfectibilité; ces qualités se sont
perpétuées d'âge en âge; le sol qu'elle occupait jadis et qu'elle
occupe encore s'est vivifié par ses soins; et tant que les cœurs
français seront ouverts aux idées généreuses, la France sera la
plus florissante contrée de l'Europe.

Malte-Brun, Précis de la Géographie universelle.

CARACTÈRE DES FRANÇAIS (CITATIONS DIVERSES)

Le Français ne peut vivre isolé; l'esprit de prosélytisme, le
penchant, le besoin d'agir sur les autres, est son trait le plus
saillant.

Jos. de Maistre.

Les Espagnols n'ont que l'apparence de la raison, tandis que
les Français, qui n'en ont pas l'apparence, en possèdent la
réalité.

Charles-Quint.

La vanité, la recherche des puériles distinctions et des titres
sonores, sont, chez les Français, des mobiles aussi fréquents des
actes louables que la vraie philanthropie et le pur amour de ce
qui est bien. Chez nous, toute la population aspire à une fonction publique pour en tirer vanité, ou pour en vivre commodément. C'est une fièvre endémique qu'on nommerait à bon droit
le mal français.

A. Corne.

Les Français pensent et vivent dans les autres, au moins
sous le rapport de l'amour-propre, et l'on sent, dans la plu-

part de leurs ouvrages, que leur principal but n'est pas l'objet qu'ils traitent, mais l'effet qu'ils produisent. Il faut oser le dire, un vice, ou plutôt un défaut du caractère national, c'est le besoin de niveler, en rabaissant les supériorités qui cherchent à se produire ; ce penchant à la moquerie, cette disposition à une certaine ironie, déconcerte l'enthousiasme, et nous porte à nous défier de notre admiration, pour peu qu'elle compromette notre esprit, et à nous moquer quelquefois de nous-mêmes pour enlever aux autres la priorité de la raillerie. Disposition demi-amère, demi-gracieuse, qui amuse un peuple, qui lui donne la palme du sarcasme en Europe.

LAMARTINE.

Fils aînés de l'antiquité, les Français, Romains par le génie, sont Grecs par le caractère. Inquiets et volages dans le bonheur, constants et invincibles dans l'adversité ; formés pour les arts, civilisés jusqu'à l'excès durant le calme de l'État ; grossiers et sauvages dans les troubles politiques ; flottants comme des vaisseaux sans lest au gré des passions ; à présent dans les cieux, l'instant d'après dans les abîmes ; enthousiastes et du bien et du mal, faisant le premier sans en exiger la reconnaissance, et le second sans en sentir de remords ; ne se souvenant ni de leurs crimes, ni de leurs vertus ; amants pusillanimes de la vie pendant la paix, prodigues de leurs jours dans les batailles ; vains, railleurs, ambitieux, méprisant tout ce qui n'est pas eux.

CHATEAUBRIAND.

Le Français aime le péril, parce qu'il y trouve la gloire.

CHATEAUBRIAND.

En France, on commence d'ordinaire par bafouer, par tourner en ridicule ce qu'on finit par adorer.

LOUIS ULBACH.

La langue française est la langue de la clarté, de la sociabi-
lité et de la vulgarisation. Enveloppe transparente et solide de
l'idée, elle ne lui permet ni de se cacher, ni de se détendre. D'un
autre côté, elle ne sépare point, elle unit... La langue allemande
a un tout autre caractère. Elle flotte autour de la pensée en plis
épais et indécis, et elle abonde en mots vagues qui laissent à l'esprit la périlleuse facilité de l'à peu près.

DOLLFUS.

PARIS, SON EMPLACEMENT

L'emplacement de Paris avait été préparé par la nature, et son
rôle politique n'est, pour ainsi dire, qu'une conséquence de sa
position. Les principaux cours d'eau de la partie septentrionale
de la France convergent vers la contrée qu'il occupe d'une manière qui nous paraîtrait bizarre, si elle nous était moins utile,
et si nous y étions moins habitués. Ce n'est donc ni au hasard, ni
un caprice de la fortune que Paris doit sa splendeur; et ceux
qui se sont étonnés de ne pas trouver la capitale de la France à
Bourges, ont montré qu'ils n'avaient étudié que d'une manière
superficielle la structure de leur pays.

ÉLIE DE BEAUMONT et DUFRÉNOY,
Explication de la Carte géologique de France.

NAISSANCE DE PARIS

Il y a des points du globe, des bassins de vallées, des versants de collines, des confluents de fleuves qui ont une fonction. Ils se combinent pour créer un peuple. Dans telle solitude, il existe une attraction. Le premier pionnier venu s'y arrête. Une cabane suffit quelquefois pour déposer la larve d'une ville

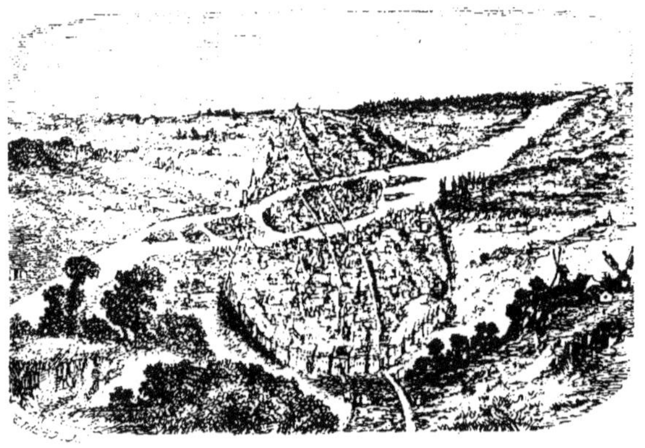

Paris sous Philippe-Auguste.

Le penseur constate des endroits, des ports mystérieux. De cet œuf sortira une barbarie, de cet autre une humanité. Ici Carthage, là Jérusalem. Il y a les villes monstres, de même qu'il y a les villes prodiges.

Carthage naît de la mer, Jérusalem de la montagne. Quelquefois le paysage est grand, quelquefois il est nul. Ce n'est pas une raison d'avortement.

Voyez cette campagne. Comment la qualifierez-vous? Quelconque. Çà et là des broussailles. Faites attention : la chrysalide d'une ville est dans ces broussailles.

Cette cité en germe, le climat la couve. La plaine est mère, la rivière est nourrice. Cela est viable, cela pousse, cela grandit. A une certaine heure, c'est Paris.

Le genre humain vient là se concentrer. Le tourbillon des siècles s'y creuse. L'histoire s'y dépose sur l'histoire. Le passé s'y approfondit, lugubre. C'est là Paris. Et l'on médite comment s'est formé ce chef-lieu suprême.

Victor Hugo, dans Paris-Guide.

PARIS CŒUR DE L'EUROPE

Il y a sans doute puérilité pour une nation, pour une ville, à dire : « Je suis la première nation, je suis la première capitale. » Il n'y a pas de première nation, ni de première capitale, à proprement parler, et il ne saurait y en avoir, car chacune a son œuvre et sa part de gloire au soleil.

Mais lorsqu'on fait du regard le tour de l'Europe, et qu'on cherche la ville qui en représente le mieux la moyenne, ce n'est pas Londres, qui n'est qu'un marché ; ce n'est pas Berlin, qui n'est qu'une université ; ce n'est pas Vienne, qui n'est qu'un concert ; ce n'est pas Florence, qui n'est qu'un musée ; ce n'est pas Pétersbourg, qui n'est qu'une caserne.

Qui est-ce donc, si ce n'est pas la ville à la fois commerçante, industrielle, poétique, artiste, littéraire, savante, la ville de Paris, en un mot, la reproduction exacte de chaque peuple pris en particulier, et en même temps élevé à sa dernière formule ? Si bien que, si chaque peuple avait à nommer la capitale de l'Europe il mettrait le doigt sur Paris, et dirait : La voilà !

Eugène Pelletan, dans Paris-Guide.

PHYSIONOMIE DE PARIS

Dans ma vie de voyageur, j'ai vu bien des capitales. Celles qui
naissent, celles qui grandissent, celles qui sont en pleine efflo-
rescence, celles qui meurent, celles qui sont mortes ; mais je n'ai
vu aucune ville produire une impression aussi énorme que Paris

Paris. — Vue de la Cité

et donner aussi nettement l'idée d'un peuple infatigable, ner-
veux, vivant avec une égale activité sous la lumière du soleil,
sous la clarté du gaz ; haletant pour ses plaisirs, pour ses
affaires, et doué du mouvement perpétuel. Par une journée
de printemps, lorsqu'on s'arrête sur le terre-plein du Pont-Neuf,
et qu'on regarde autour de soi, on reste ébloui par la grandeur
vraiment extraordinaire du spectacle qui frappe les regards.

Le fleuve, semblable à un immense Y, enjambé par des ponts
nombreux, sillonné de barques rapides, portant des lavoirs,
des bains, des dragues en action, remonté par des bateaux à
vapeur qui soulèvent la chaîne du touage, descend lentement,
et pousse ses eaux vertes contre les grands quais où fourmille la
foule active. Tous les monuments essentiels de Paris paraissent
avoir été groupés là intentionnellement, comme pour affirmer, au
premier coup d'œil, la splendeur de la vieille cité que traverse
la Seine. Il suffit de se tourner aux différents points de l'horizon
pour les voir, et reconnaître en eux les témoins de notre histoire commerciale, qui si souvent a été l'histoire de la France
même.

Maxime Du Camp, Paris, ses organes, ses fonctions et sa vie.

VERSAILLES

Versailles! A ce nom tout un passé s'éveille. Les fantômes
évanouis d'un temps qui fut illustre reprennent corps et semblent revenir, comme au gré d'une évocation, parmi les bosquets déserts. Toute l'histoire moderne de notre France a gravité
autour de ce palais majestueux et de cette ville illustre. Toutes
nos évolutions et nos révolutions s'agitent, semble-t-il, entre ces
deux pôles : Versailles et Paris.

C'est par les journées d'hiver, où le grand parc abandonné
semble plus veuf de son passé, qu'il faut le visiter, ce Versailles;
la brume et le silence vous enveloppent comme d'un suaire, et
c'est alors qu'on respire le parfum de mort de cet Escurial de la
royauté française. Marchez, personne ne vous troublera. Vos pas
seuls font crier les feuilles sèches que le vent n'a point balayées.
Vous n'aurez pour témoins de vos réflexions que ces faunes ou
ces nymphes de Coysevox, verdis par la pluie qui fait ruisseler

ses gouttelettes pourries sur les joues de marbre, et semble
prêter des larmes à leurs yeux blancs. Comme il est envahi, ce
jardin, l'été, quand les eaux jaillissent des bassins maintenant

Versailles. — Château et jardin.

muets! Les promeneurs banals y passent sans songer. Pas un de
ces bons bourgeois en partie de plaisir, foulant du pied le *tapis
vert*, qui se doute qu'il marche sur des cendres! Pauvre Versailles! Ils ne comprennent pas quelle leçon tu donnes, dans
ta ruine muette et ton vaste délaissement, à toutes les pompes,
à toutes les ambitions, à toutes les éternités humaines!... Ils ne
l'entendent point, la réponse cruelle, qui, lorsqu'on s'écrie :
Avenir! espoir! grandeur! aussitôt ajoute : Néant!

Ce palais, ces jardins, ces escaliers de marbre, tout fut bâti,
— caprice de roi tout-puissant, — sur des terrains marécageux
qu'il fallut combler pour plaire à Sa Majesté Louis XIV. Ver-

sailles, au temps de Louis XIII, avait commencé par être un
rendez-vous de chasse, un petit pavillon perdu dans les bois où
venait, entre deux *lancers*, se reposer la cour. Puis, le roi ayant
acheté cette terre à François de Gondi, l'archevêque de Paris, y
fit bâtir un château, perdu dans les bois, château dont son successeur devait faire un palais. Las d'habiter Saint-Germain, d'où
l'on apercevait la flèche de Saint-Denis, — c'est-à-dire l'endroit
où dormaient les rois de France et où il se coucherait un jour

Jardin de Versailles. — Le tapis vert.

dans son cercueil, — Louis XIV fit agrandir par Mansart le
château royal, creuser par son armée une route allant droit
de Paris à Versailles, et, plus tard même, l'eau manquant à la
somptueuse demeure, il voulut, la machine de Marly étant insuf-
fisante, qu'on amenât les eaux de l'Eure de Maintenon à Versailles. Plus de 30 000 hommes, des soldats transformés en ter-
rassiers par la volonté souveraine, travaillaient à cette œuvre
colossale. La terre dégageant des émanations fétides, des milliers de ces pauvres gens mouraient tués par des miasmes, eux
qui semblaient destinés à mourir par le fer. Peu importait à
Louis XIV : il fallait continuer les travaux. L'aqueduc inachevé

de Maintenon, — ruine superbe et vaine aujourd'hui, — était, sous le grand roi, ce que les Pyramides furent sous les Pharaons, l'œuvre inutile et gigantesque qui coûta tant de sueur et tant de travail, et tant de morts aux travailleurs.

Versailles cependant était devenu cette ville rayonnante d'où le roi-soleil dictait au monde ses volontés !

Jules Claretie, *Histoire de la révolution de* 1870-71.

LE CHATEAU ET LA FORÊT DE FONTAINEBLEAU

Le château de Fontainebleau est formé d'une réunion de bâtiments construits à diverses époques de la monarchie et imposants par leur grandeur, mais confus dans leur disposition générale et disparates dans leurs différents genres d'architecture. Leur étendue est telle, que la toiture seule présente une superficie de 60 000 mètres carrés. Leur ensemble est si compliqué, que, sans l'aide d'un plan, on parviendrait difficilement à s'y orienter. La forêt de Fontainebleau est le seul paysage agreste, et d'un aspect vierge encore dans quelques parties, dont la sauvagerie ait jusqu'ici échappé au voisinage et à l'action envahissante de Paris. Un sol continuellement accidenté, des chaînes de montagnes à franchir, des gorges sauvages à traverser, des plateaux nus et désolés, des steppes couvertes de bruyères à parcourir, la sombre majesté des vieilles forêts, les rochers entassés les uns sur les autres, brisés et épars, et portant les traces de l'action destructive du temps et des éléments, tel est le spectacle qu'offre cette contrée intéressante. Sa contenance est de 16 900 hectares, et son pourtour de 80 kilomètres. Elle est limitée au nord et à l'est par la Seine, et un peu au sud

Château de Fontainebleau.

par le Loing, qui vient se jeter dans la Seine au-dessous de Moret. On estime à cinq cents lieues le développement de ses routes et de ses sentiers.

AD. JOANNE, *Guides.*

FORÊT DE COMPIÈGNE. — PIERREFONDS

La forêt de Compiègne s'étend, au sud de Compiègne, dans l'angle formé par la rencontre de l'Oise et de l'Aisne. Les druides

Pierrefonds.

furent sans doute les premiers qui pénétrèrent sous ses antiques ombrages, pour y cacher leurs mystères religieux. Plus tard les soldats de César traversèrent cette forêt, y portèrent la hache, y tracèrent des voies militaires et y construisirent des forts. Les Germains en héritèrent après les Romains. Au moyen âge, les moines vinrent s'y établir et s'en partagèrent la possession avec les hauts barons de la couronne, pendant que les serfs à demi nus l'exploitaient au profit de ces maîtres divers. Cette forêt portait dans le principe le nom de forêt de Cuise, provenant d'une maison royale.

Une belle route macadamisée conduit de Compiègne à Pierre-fonds.

Les restes gigantesques encore debout de cette forteresse féodale, démantelée par ordre de Richelieu, dans la courte période de temps où il occupa pour la première fois le ministère, couronnent le sommet d'une éminence escarpée ; ils dominent majestueusement le paysage, formant avec les blanches maisons modernes du village un rude contraste qui saisit fortement l'imagination et semble mettre en présence deux civilisations.

Les hommes de nos jours ne se taillent plus dans la pierre des demeures avec des proportions aussi colossales. Bien que détruits en partie, ces fragments de tours et de murailles dessinent encore sur le ciel les plus formidables profils.

AD. JOANNE, Guides.

LA PATRIE DE RACINE. — LA FERTÉ-MILON

Je ne sais si la Ferté-Milon est poétique d'elle-même ou par les souvenirs qui s'y rattachent, — il est difficile de démêler l'un de l'autre, — mais du premier coup je fus charmé de sa physionomie à la fois gracieuse et mélancolique.....

Un château, qui a dû être un des plus remarquables manoirs de France, dresse sur la hauteur plusieurs vastes pans de mu-

railles qui se découpent en lignes majestueuses ; — l'église
Notre - Dame, construite sur le versant de la colline, montre
au **loin** son élégant clocher, surmonté de tourelles. — De la

Statue de Racine à la Ferté-Milon.

promenade du Mail, on jouit du panorama à peu près complet
de cette petite ville, qui rappelle les plus fraîches compositions
de Watelet.

La mémoire de Racine — mémoire si pieusement poétique,
— est là plus vivante que jamais ! Les habitants de la Ferté-

Milon conservent avec une sorte d'enthousiasme le souvenir de
l'illustre tragique, resté l'un de nos écrivains les plus chers,
non-seulement parce qu'il était homme de génie, mais parce
qu'on sent son cœur battre dans toutes ses œuvres.

Racine est partout à la Ferté-Milon : dans les cœurs, sur les
places publiques et dans les maisons. Sa grande ombre enveloppe toute la ville.

A la porte de la mairie (rue du Marché au blé), se tient en
faction sa statue. David, le célèbre David, en est l'auteur.....

Une statue, un buste, un autographe, transportent bien notre
esprit auprès d'un grand homme. Nous cherchons à saisir sur
les traits de son visage, comme sur les lignes qu'il a tracées,
quelque témoignage de son génie ; mais sa maison, l'endroit
même où il est né, la chambre témoin de ses premiers ébats, la
salle dans laquelle il a vécu et travaillé, les murs qui ont entendu
ses premiers cris, et qui ont ensuite résonné sous ses paroles
inspirées, ces murs, témoins muets de tant de mystères, tous
ces souvenirs, silencieux comme la mort, nous captivent plus
puissamment encore !

R. C., Musée des familles.

LES VOSGES. — LA VALLÉE DE GÉRARDMER

Montagnes charmantes, montagnes aimées de tous ceux qui
les ont une fois visitées. On y trouve, sur une moindre échelle,
avec moins de fatigues et de dangers, tout ce qu'on va chercher
en Suisse : les verts pâturages, les sombres forêts, les eaux
limpides, les torrents sauvages, les cascades écumantes, les lacs
tranquilles, les populations intelligentes, patriotiques, braves,
honnêtes et hospitalières. . . . .

La perle des Vosges est du côté lorrain, et par conséquent est
restée française : c'est la vallée de Gérardmer, dont un vieux

Les environs de Gérardmer.

proverbe dit : « Sans Gérardmer et un peu Nancy, qu'est-ce que
ça serait de la Lorraine? »

La vallée de Gérardmer est au milieu de la partie granitique
des Vosges, au centre du triangle qui a pour sommets Remiremont, Saint-Dié et Colmar, au milieu de montagnes arrondies
dont les prolongements, enfermant Saint-Dié et Remiremont, se
continuent par de hautes collines de grès jusqu'à Plombières,
Épinal et Raon-l'Étape.

Une suite de trois lacs délicieux, appelés lacs de Gérardmer,
de Longemer et de Retournemer, alimentés d'eaux limpides,
entourés de vertes pelouses et de frais vallons, dominés par de
belles forêts de sapins, a fait de la vallée un rendez-vous de plus
en plus aimé des touristes. L'amphithéâtre de forêts solitaires
qui entoure le lac de Retournemer est un de ces spectacles que
les plus beaux sites des Alpes ne font pas oublier.

Albert Dupaigne, les Montagnes.

L'ALSACE

Avez-vous jamais pénétré dans l'Alsace à l'époque où la paix
fécondait cette province? En descendant le versant des Vosges,
les yeux du voyageur se promenaient charmés sur cette nature
grasse, opulente, qui exprimait si bien le bonheur sous toutes
ses faces.

Villages et hameaux semblaient vous sourire avec leurs mai-
sonnettes fraîchement peintes, encadrées de bouquets de verdure, et autour desquelles couraient joyeusement des cordons de
vignes et de fleurs. Partout de beaux enfants aux cheveux blonds
et bouclés, aux joues rebondies et empourprées par la santé, le
bon air et le soleil! Partout des femmes à la physionomie douce

et avenante, au regard limpide, à la chair abondante et savou-
reuse, comme les Flamandes de Rubens, à la poitrine large, au
tronc solidement assis sur les hanches, et rappelant le fruit dans
tout l'épanouissement de la séve! Partout aussi de vigoureux
jeunes gens, hauts et carrés, aux jambes fortes et longues, aux
extrémités lourdes, pesantes, bâtis pour la marche et le travail
de la terre.

Un certain air de fête enveloppait alors constamment cette
contrée, qui paraissait, en vérité, bénie du ciel! En prêtant
l'oreille, vous entendiez sortir de la charmille le son du violon
qui accompagnait danseurs et danseuses toujours enrubanés et
parés de fleurs comme aux jours de noces. La bière dorée cou-
lait à pleins bords dans tous les verres; on chantait! Et quels
larges rires, et quelle heureuse gaieté, s'alliant si bien à l'esprit
de labeur, à la droiture et à l'énergie!

La plupart de ces campagnards et de ces villageois parlaient
l'allemand, mais ils savaient presque tous le français. Compatriotes de Gutenberg et de Schœffer, ils apprenaient à lire,
à écrire avec plus d'ardeur que la majorité de leurs frères des
autres provinces. Il est des pays promis à la science; celui-là
était de ce nombre. L'ignorance y devenait de jour en jour une
exception, et l'on rencontrait parfois dans les villages de véritables savants en sabots. A ces braves gens, l'école apparaissait
une seconde maison du grand Maître de la vie, et l'on s'y rendait
en chantant, comme à l'église!

R. C., Musée universel.

PÉRONNE

Des remparts de briques; en avant de ces remparts, des
ouvrages de terre défendus par de larges fossés pleins d'eau et
coupés d'écluses; d'un côté, la Somme et son canal; de l'autre,

un large marais à demi submergé, où semblent flotter de petites îles cultivées en jardins et bordées de roseaux; une église, un beffroi, un vieux château flanqué de tours, quelques rues et une place où se tiennent des marchés de grains considérables, — voilà Péronne.....

Le château de Péronne était destiné à servir de prison aux rois de France. Le 24 août 1468, arrivait dans cette ville Louis XI, accompagné seulement de quelques seigneurs et des archers de la garde écossaise, pour conclure avec Charles le Téméraire le rachat des villes de la Somme. Les négociations étaient entamées depuis quelques jours, lorsque Charles fut averti que les Liégeois, travaillés secrètement par les agents du prince qui venait traiter avec lui, s'étaient révoltés contre leur seigneur, son parent et son allié; il fit aussitôt fermer les portes du château où Louis XI était logé, et le retint prisonnier pendant trois jours, jusqu'à ce qu'il eût souscrit aux conditions qu'il voulait lui imposer.

Les Parisiens, toujours prêts à rire et à gausser, s'égayèrent fort de cette aventure, sans s'inquiéter des conséquences fâcheuses qu'elle avait entraînées pour la France. A défaut de serins et de perroquets, ils avaient alors la manie d'élever des geais, des pies, des corbeaux et autres oiseaux parleurs, et, lorsqu'ils étaient contents du gouvernement, ils leur apprenaient à crier : *Vive le roi!* Mais ils n'aimaient pas Louis XI, quoiqu'il eût diminué les droits sur le vin; et, pour lui donner une leçon, ils habituèrent leurs corbeaux et leurs geais à répéter : *Péronne! Péronne!* Louis ne voulut point tolérer une manifestation aussi injurieuse, et les oiseaux furent mis en arrestation comme coupables d'outrages envers le chef de l'État.

Charles Louandre, Revue des deux mondes.

LA SEINE. — LA BARRE

..... Il semble que la Seine avance à regret vers la mer; elle y descend paresseusement, en traçant mille courbes élégantes et gracieuses, qui triplent pour elle l'étendue du chemin. En Normandie, son bassin se resserre entre deux rangées de collines qui la suivent et l'enferment jusqu'à Quillebeuf. Prisonnière capricieuse, elle court sans cesse d'un de ses coteaux à l'autre, baignant une rive boisée ou battant le pied d'une falaise escarpée et croulante. Dans ses eaux se mirent, ici de vieilles forteresses féodales à demi ruinées, là les charmantes villas de nos modernes seigneurs, les armateurs du Havre et les manufacturiers de Rouen ou de Louviers. Mais à Quillebeuf l'aspect change, la Seine devient immense, les rives naturelles s'écartent de 12 kilomètres. Ce large lit est la couche où elle reçoit l'Océan et mêle ses eaux douces à l'onde amère.

Tandis qu'à l'embouchure de la Seine, la mer, à l'instant du flux, monte par degrés insensibles, on voit, vers Quillebeuf, dans les grandes marées, le premier flot se précipiter instantanément en une immense cataracte, qui forme dans toute la largeur du fleuve une vague roulante haute parfois de trois mètres, et suivie d'autres vagues appelées *éteules*, qui s'entrechoquent avec une inexprimable violence : c'est le chaos, mais un chaos qui marche et qui semble vouloir tout envahir. Sous l'énorme pression de cette vague furieuse, le fleuve remonte vers sa source avec la rapidité d'un cheval au galop. Les navires échoués ou arrêtés sur leurs ancres sont en perdition ; les prairies des bords, rongées par le courant, disparaissent ; les bancs de sable du fond sont agités comme les eaux de la surface, et le lit du fleuve se déplace parfois de plusieurs kilomètres, de l'une à l'autre des falaises qui le dominent. Rien d'étrange comme de voir et d'entendre, par un jour serein, dans le calme le plus complet de la nature, ces flots terribles et mugissants, que soulève et précipite

Rouen.

on une force invisible et silencieuse, l'attraction universelle, et qui,
la passe franchie, retombent et s'apaisent soudain.

Toute cette colère des flots vient du peu de profondeur du
fleuve, et l'on ferait disparaître la barre, s'il était possible de faire
disparaître les hauts fonds. Aussi d'immenses travaux ont été
entrepris vers Quillebœuf pour rétrécir le courant, le rendre plus
rapide, et l'obliger par là à creuser lui-même son lit, en rejetant
à poste fixe les bancs de sable mobiles qui étaient l'effroi des
marins.

V. Duruy, Introduction à l'Histoire de France.

ROUEN

Rouen n'est plus aujourd'hui *la ville aux vieilles rues* que
chantait jadis Victor Hugo. Les artistes qui, il y a dix ans encore, admiraient avec enthousiasme ses maisons pittoresques, les
y chercheraient vainement aujourd'hui. Elle a voulu, en effet,
comme toutes les grandes villes, se métamorphoser à l'instar de
Paris. Elle a jeté bas, à grands frais, et en quelques années, ses
vieilles rues étroites, tortueuses, obscures, malsaines, si l'on
veut, mais qui lui donnaient un caractère tout particulier, pour
percer de longues rues larges, droites, aérées, bordées de maisons de pierre de taille sans architecture, ou du moins sans
style particulier. Elle s'est si bien transformée, que ceux qui
n'ont pas assisté chaque année à ses diverses séries de métamorphoses hésitent à la reconnaître.

C'est une autre ville faite à la mode du jour pour une autre
génération, mais ce n'est plus *Rouen*. Elle a, en revanche, des
squares et des appartements d'un prix élevé. Heureusement pour
elle, ces améliorations, dont nous ne voulons contester ni la nécessité, ni le succès, ne l'ont pas privée de sa position, qui est

admirable, de ses monuments religieux ou civils, qui la placent
au premier rang parmi les principales villes de la France, de
ses musées, qui méritent une longue visite, de ses environs, qui
offrent d'agréables promenades et de splendides points de vue. En
dépit de cette métamorphose, utile, mais vulgaire, qui lui a fait
perdre son originalité, jadis si curieuse et si prononcée, la ville
de Rouen du XIXᵉ siècle est encore plus intéressante à étudier
que la plupart des capitales de l'Europe.

AD. JOANNE, Guides.

PAYSAGE DE L'EMBOUCHURE DE LA SEINE

Il est un petit coin de la France où je ne me suis jamais arrêté,
d'où je ne suis jamais reparti, sans me dire : Comme on serait
heureux de pouvoir rester là toujours!

C'est sur la côte de Normandie, entre Honfleur et Trouville,
à Villerville-sur-mer.

Derrière ce charmant village, des collines richement boisées
s'abaissent par replis harmonieux vers la baie de la Seine, qui
s'ouvre et s'agrandit précisément en cet endroit jusqu'aux plus
lointains horizons de l'immensité.

A vos pieds, tantôt la falaise rocheuse, tantôt la dune verdoyante, tantôt enfin les prairies salines, au milieu desquelles
les grands bœufs s'arrêtent parfois, immobiles et rêveurs, pour
écouter la voix de l'Océan qui monte.

Sur la droite, le fleuve, qui va toujours en se rétrécissant
jusqu'au promontoire à peine entrevu de Quillebœuf, et qui,
sans cesse chargé de brumes, semble charrier au-dessus de ses
eaux — qui ont vu tant de choses — le mystérieux courant
intellectuel de Paris, cette autre source d'où lui afflue l'idée!

En face, à trois lieues de distance, le Havre, avec ses mâts,

Bassin du Commerce, au Havre.

ses phares et ses fumées. Au-dessus du Havre, cette charmante côte d'Ingouville, si coquettement parée de blanches villas enfouies dans les arbres, et que Casimir Delavigne a chantée comme le premier point de vue du monde.

Vers la gauche enfin, la rade, puis la mer.

Cn. DESLYS, *les Récits de la grève.*

LES HABITANTS DU CALVADOS

La vie de famille respire, aux environs de Caen et de Bayeux une cordialité pleine de charmes. Les enfants sont traités avec douceur; on n'abuse pas de leurs forces, on les oblige à interrompre chaque jour leur travail de bonne heure. La famille normande, dans cette région, est surtout intéressante à considérer le soir, durant l'hiver, au commencement de la veillée. Les hommes sont revenus de leurs travaux; les enfants ne sont pas encore couchés; on s'installe autour d'une petite lampe, dont la lumière est accrue à l'aide de globes de verre remplis d'eau. L'union la plus parfaite semble régner dans tous les cœurs. Presque toujours plusieurs familles se réunissent, afin de diminuer le prix d'éclairage et de chauffage. Quelquefois, quand on travaille à de certaines dentelles d'une extrême délicatesse, on n'ose pas faire de feu, dans la crainte de la fumée, et l'on se rassemble alors dans les étables, où règne une douce température. Ces ateliers, improvisés au milieu des animaux qui ruminent ou qui dorment, ont un aspect original, qui demanderait, pour être rendu, le pinceau de Gérard Dow. Ces habitudes paisibles n'excluent pas un certain développement intellectuel. De nouvelles routes ayant été percées, les rapports avec les villes sont devenus plus fréquents, et le niveau des esprits s'est élevé. La grande majorité des enfants apprend à lire et à écrire.

A. Audiganne, les Populations ouvrières de la France.

LE PORT DE CHERBOURG

Le port militaire de Cherbourg est enveloppé d'une enceinte fortifiée qui protége une superficie de 850 000 mètres carrés. C'est dans cette enceinte que nous trouvons tout l'arsenal grandiose d'un port militaire.

Cherbourg est le port de construction par excellence. De ses grandes cales couvertes, si bien placées près de l'avant-port, sont sortis tous ces beaux vaisseaux : *le Friedland, le Jupiter, le Suffren, le Henri IV*, véritables rois de la mer.

Nous ne pouvons entrer dans le détail des divers établissements que renferme l'enceinte du port militaire. Regardez d'abord ces cales couvertes, sortes de hangars immenses, dont les murs de granit n'ont pas moins de 117 mètres de longueur, sur 24 de large et 26 de haut. Leur toiture élégante abrite les vaisseaux pendant les longues années que dure leur construction. Voici maintenant les ateliers de la fonderie, des forges, des machines. Ici l'homme ne semble plus que le surveillant de la matière. De puissants instruments, dont le moteur se cache, obéissent à sa pensée et travaillent pour lui. De gigantesques machines coupent, fendent, percent, façonnent, avec une admirable précision, d'énormes pièces de fer et de fonte, destinées elles-mêmes à d'autres machines. Ici les métaux liquides coulent en ruisseaux de feu vivant; là, sous l'action des énormes laminoirs, le cuivre s'amincit en feuilles si fines, qu'elles sont presque diaphanes. Partout l'intelligence et la volonté de l'homme dominent la force brutale de l'élément, et l'asservissent comme un esclave.

Dans la salle des gabarits, près de laquelle se trouve l'atelier des canots, nous verrons les modèles des principaux vaisseaux sortis des cales de Cherbourg, exécutés sur une échelle de réduction avec un art admirable.

Un peu plus loin, c'est la direction de l'artillerie. Dans les cours, les couleuvrines allongent leur col mince auprès des obusiers au ventre rebondi et des gros canons qui dorment au milieu des boulets entassés en pyramides. La salle d'armes est une petite merveille de coquetterie. Le lapidaire ne met pas plus de soin à monter et à polir ses diamants que nos capitaines à fourbir et à astiquer leurs sabres, leurs fusils et leurs baïonnettes. Ces haches d'armes sont étincelantes comme des bijoux; ces jolis poignards donnent envie de s'en servir; et quel heureux parti on a su tirer de tous ces instruments de destruction, pour en former des ornements décoratifs, imitant avec une ingénieuse fantaisie les ornements de l'architecture! Admirez ces colonnes de mousquets, ces ogives de fers de lance, ces plein cintres de pistolets et ces voûtes de baïonnettes. Devant les quais, partout, ce sont les magasins, les bureaux; en un mot, les services innombrables que réclame ce détail presque infini de l'armement d'un navire. Ici on coule les grandes ancres, les hélices et les volants des machines à vapeur; voici l'atelier de mâture; voici la tôlerie, la serrurerie, la chaudronnerie. En dehors de l'enceinte, ces trois bâtiments rectangulaires et parallèles, à deux étages et à terrasses, formant entre eux des cours spacieuses, ce sont les casernes de l'infanterie de marine et de la ligne.....

Louis Énault, Itinéraire de Paris à Cherbourg.

LA GRÈVE DU MONT SAINT-MICHEL. — L'ENLIZEMENT

Il arrive parfois, sur certaines côtes de Bretagne, qu'un homme, un voyageur ou un pêcheur cheminant à marée basse sur la grève, loin du rivage, s'aperçoit soudainement que, depuis plusieurs minutes, il marche avec quelque peine. La plage est sous ses pieds comme de la poix, la semelle s'y attache; ce n'est plus du sable, c'est de la glu. La grève est parfaitement sèche; mais, à chaque pas que l'on fait, dès qu'on a levé le pied, l'empreinte qu'il laisse se remplit d'eau. L'œil, du reste, ne s'est aperçu d'aucun changement; l'immense plage est unie et tranquille, tout le sable a le même aspect; rien ne distingue le sol qui est solide; — la petite nuée joyeuse des puccerons de mer continue de sauter tumultueusement sur les pieds du passant. L'homme suit sa route, va devant lui, appuie vers la terre, tâche de se rapprocher de la côte. Il n'est pas inquiet. Inquiet de quoi? Seulement il sent quelque chose, comme si la lourdeur de ses pieds croissait à chaque pas qu'il fait. Brusquement il enfonce, il enfonce de deux ou trois pouces. Décidément il n'est pas dans la bonne route; il s'arrête pour s'orienter. Tout à coup il regarde à ses pieds, ses pieds ont disparu : le sable les couvre. Il retire ses pieds du sable, — il veut revenir sur ses pas, il retourne en arrière, — il enfonce plus profondément. Le sable lui vient à la cheville ; il s'en arrache et se jette à gauche, le sable lui vient à mi-jambe; il se jette à droite, le sable lui vient aux jarrets. Alors il reconnaît avec une indicible terreur qu'il s'est engagé dans la grève mouvante, et qu'il a sous lui le milieu effroyable où l'homme ne peut pas plus marcher que le poisson n'y peut nager. Il jette son fardeau, s'il en a un' il s'allége comme un navire en détresse; il n'est déjà plus temps, le sable est au-dessus de ses genoux. Il appelle, il agite son chapeau et son mouchoir, le sable le gagne de plus en plus. Si la grève est déserte, si la terre est trop loin, si le banc de sable est

Le mont Saint-Michel.

trop mal famé, s'il n'y a pas de héros dans les environs, c'est
fini, il est condamné à l'enlizement; il est condamné à cet épouvantable enterrement, long, infaillible, implacable, impossible à
retarder ni à hâter, qui dure des heures, qui n'en finit pas, qui
vous prend debout, libre et en pleine santé, qui vous tire par
les pieds à chaque effort que vous tentez, à chaque clameur que
vous poussez, vous entraîne un peu plus bas, qui a l'air de vous
punir de votre résistance par un redoublement d'étreinte, qui
fait rentrer lentement l'homme dans la terre, en lui laissant tout
le temps de regarder l'horizon, les campagnes vertes, les fumées
des villages dans la plaine, les voiles de navires sur la mer, les
oiseaux qui volent et qui chantent, le soleil, le ciel. L'enlizement, c'est le sépulcre qui se fait marée, et qui monte du fond
de la terre vers un vivant. Chaque minute est une ensevelis-
seuse inexorable. Le misérable essaye de s'asseoir, de se coucher, de ramper; tous les mouvements qu'il fait l'enterrent; il
se redresse, il enfonce, il se sent engloutir; il hurle, implore,
crie aux nuées, se tord les bras, désespère. Le voilà dans le
sable jusqu'au ventre; le sable atteint la poitrine, il n'est plus
qu'un buste. Il élève les mains, jette des gémissements furieux,
crispe ses ongles sur la grève, veut se retenir à cette cendre,
s'appuie sur les coudes pour s'arrêter à cette gaîne molle, san-
glotte frénétiquement, le sable monte. Le sable atteint les
épaules, le sable atteint le cou; la face seule est visible maintenant. La bouche crie, le sable l'emplit : silence. Les yeux regardent encore, le sable les ferme : nuit. Puis le front décroît,
un peu de chevelure frissonne au-dessus du sable; une main
sort, troue la surface de la grève, remue et s'agite, et disparaît.
Sinistre effacement d'un homme!

Victor Hugo, les Misérables.

LA BRETAGNE

A ses deux portes, la Bretagne a deux forêts, le Bocage normand et le Bocage vendéen ; deux villes, Saint-Malo et Nantes, la ville des corsaires et celle des négriers[1]. L'aspect de Saint-Malo est singulièrement laid et sinistre ; de plus, quelque chose de bizarre que nous retrouverons par toute la presqu'île, dans les costumes, dans les tableaux, dans les monuments. Petite ville, riche, sombre et triste ; nid de vautours ou d'orfraies, tour à tour île et presqu'île, selon le flux et le reflux, tout bordé d'écueils sales et fétides, où le varech pourrit à plaisir. Au loin, une côte de rochers blancs, anguleux, découpés comme un rasoir.

A l'autre bout, c'est Brest, le grand port militaire, la pensée de Richelieu, la main de Louis XIV : fort, arsenal et bagne, canons et vaisseaux, armée et millions, la force de la France entassée au bord de la France : tout cela dans un port serré, où l'on étouffe entre deux montagnes chargées d'immenses constructions. Quand vous parcourez ce port, c'est comme si vous passiez dans une petite barque entre deux vaisseaux de haut bord ; il semble que ces lourdes masses vont venir à vous et que vous allez être pris entre elles. L'impression générale est grande, mais pénible. C'est un prodigieux tour de force, un défi porté à l'Angleterre et à la nature. J'y sens partout l'effort, et l'air du bagne et la chaîne du forçat. C'est justement à cette pointe, où la mer, échappée du détroit de la Manche, vient se briser avec tant de fureur, que nous avons placé le grand dépôt de notre marine. Certes, il est bien gardé. On n'y entrera pas ; mais on n'en sort pas comme on veut. Plus d'un vaisseau a péri à la passe de Brest.....

Rien de sinistre et de formidable comme cette côte de Brest : c'est la limite extrême, la pointe, la proue de l'ancien monde.

1. Il faut noter que ceci a été écrit avant l'extinction complète de la traite des nègres.

Là, les deux ennemis sont en face, la terre et la mer, l'homme et la nature. Il faut voir quand elle s'émeut, la furieuse, quelles monstrueuses vagues elle entasse à la pointe de Saint-Mathieu, à cinquante, à soixante, à quatre-vingts pieds; l'écume vole jusqu'à l'église où les mères et les sœurs sont en prière.

MICHELET, Histoire de France.

LA LOIRE

La Loire a ses sources sur une haute montagne du Vivarais, le Gerbier-de-Jonc, à 1562 mètres au-dessus de l'Océan. Elle coule d'abord dans une vallée profonde, où sa pente est de 3 mètres par lieue. Sa marche, droit au nord, comme si elle voulait atteindre la Manche, est contrariée d'abord, puis arrêtée par les collines du Morvan. Elle s'infléchit alors à l'ouest et trace une courbe élégante dont le point le plus élevé est à Orléans. Voilà pourquoi cette ville est la clef de nos provinces centrales.

La Loire est tristement célèbre par ses crues subites et ses bas-fonds mobiles. Elle a, en plus d'un endroit, changé son lit et supprimé ses îles, pour en créer de nouvelles. En vain l'a-t-on enfermée entre les digues puissantes dont l'origine date peut-être des Romains, et que chaque génération a exhaussées, étendues; elle renverse tous les obstacles qu'on lui oppose, et, en quelques heures, engloutit un capital de quarante ou cinquante millions. Capricieuse comme elle est violente, en d'autres temps elle erre paresseusement sur une grève immense, et même au-dessous de Nantes elle a encore des bas-fonds qui forcent les gros navires à s'arrêter à Paimbœuf.

La cause de ces crues désastreuses est la forme de la vallée supérieure de la Loire et de celle de l'Allier, son principal affluent, toutes deux étroites et profondément encaissées entre des montagnes déboisées. Lorsqu'un violent orage éclate sur ces hautes cimes, pas une goutte d'eau n'est perdue pour le fleuve. Les torrents glissent rapidement sur la pente inclinée des versants, sans laisser au sol le temp; de rien absorber, et arrivent d'un bond au fleuve, qui en quelques heures s'élève de plusieurs mètres. Autrefois des messagers devaient se tenir prêts, dans les villages riverains, pour monter à cheval et porter tout le long de la Loire la terrible nouvelle. La crue allait souvent plus vite que les cavaliers. Aujourd'hui du moins elle ne peut lutter de vitesse avec le télégraphe électrique, et il reste quelque temps au pays d'aval pour prendre des mesures de défense contre le fléau qui accourt. Mais que de fois il s'est joué de tous les obstacles! Le fleuve se gonfle; les eaux, enserrées entre les levées qui le bordent, montent plus haut que les campagnes voisines. Sous leur énorme pression, les digues crèvent, et un torrent s'échappe comme une cataracte par la brèche qu'il s'est ouverte, laboure profondément les terres, bouleverse les cultures, couvre de monceaux de sable les champs fertiles et renverse les habitations. Le fleuve est devenu une mer furieuse qui roule pêle-mêle dans ses flots moissons, arbres brisés, meubles, bestiaux, et trop souvent de nombreuses victimes.

V. Duruy, *Introduction générale à l'Histoire de France.*

LE CHATEAU D'AMBOISE. — LA TOURAINE

La première impression qui vous frappe quand vous approchez du château d'Amboise, c'est l'élévation prodigieuse de ses murailles, l'énormité des tours dont il est flanqué sur toutes ses faces, les cicatrices dont l'artillerie a sillonné ses flancs

indestructibles, et cet air hostile, hautain et dominateur dont
il semble regarder toute la contrée.....

Cet aspect guerrier, qui heureusement n'effraye plus personne, n'en fait pas moins du château d'Amboise une des plus

Château d'Amboise.

imposantes décorations de la Touraine. La Touraine sait bien
que, du haut des remparts d'Amboise, elle peut être maîtresse du
cours de la Loire pendant huit jours; et cette confiance lui donne
je ne sais quel air de reine, ou tout au moins de vassale émanci-
pée et triomphante, qui relève la monotonie habituelle de sa physionomie et la grâce un peu froide de son sourire éternel.....

Mais la supériorité d'Amboise sur les plus magnifiques châteaux de France, c'est qu'il jouit de la plus belle vue, peut-être
de la seule grande vue pittoresque qui soit en Touraine. En
effet, quand on a gravi péniblement la rampe escarpée et tor-

tueuse qui conduit sous d'étroites voûtes, éclairées comme un
tableau de Granet, jusque sur la plate-forme du château, et qu'on
s'est placé sur l'observatoire de la tour des Minimes, la face au
midi, à cet instant, on a devant soi, et tout autour de soi, un des
spectacles les plus enchanteurs qui se puissent rêver dans un
moment de contemplation et d'extase, au souvenir des incom-
parables paysages de l'Italie. A droite, en effet, on découvre la
pagode de Chanteloup, bizarrement jetée dans l'épaisseur des
immenses bois de Montrichard, et tout au loin, l'horizon à perte
de vue. En face, à sept lieues de distance, les tours de Saint-
Martin et de Saint-Gatien, se dressant au milieu de la riante
capitale de la Touraine; et la Loire, qui, vue de cette élévation,
semble avoir changé de couleur et d'aspect, et ne montre plus,
au lieu de ses eaux jaunies par la fange de ses rivages, qu'une
surface argentée sur laquelle les rayons du jour étincellent. Au-
dessous du spectateur, sur un premier plan chargé d'ombres, la
ville, le pont de pierre construit par ce Hugues d'Amboise qu'a
chanté le Tasse, et la vieille geôle de la justice seigneuriale, qui,
couchée sur la ville, semble la couver sous l'aile noire de son
donjon; à droite de la prison, sous un bouquet de peupliers, l'île
Saint-Jean, autrefois l'île d'Or, où la tradition place une célèbre
conférence entre Clovis et Alaric, roi des Visigoths. Au bout de
l'horizon, de ce côté, au point d'intersection d'une longue ceinture de coteaux qui couronnent la vallée, la ville de Blois dont
l'altière cathédrale forme une des extrémités du tableau, tandis
que l'autre est figurée par les deux clochers qui dominent la
plaine fertile où Tours brille et se joue sous le soleil.

Telle est cette vue, ou plutôt telle est une des faces de cet immense panorama qui se déroule à vos yeux, quand vous avez
gravi le château d'Amboise.

Cuvillier-Fleury, Voyages et Voyageurs, avril 1837
(édit. Michel Lévy).

NANTES

Nantes est assurément une des plus belles villes de France.
Son étendue, son fleuve, ses rivières, ses quais, ses ponts, ses
quartiers neufs, ses imposantes maisons du xviii° siècle, son
activité, son animation, son luxe, lui donnent l'apparence d'une
capitale.

Nantes.

Les principaux quais de Nantes ont un aspect particulier. Les
maisons qui les bordent se distinguent, pour la plupart, par la richesse de leur architecture et surtout par leurs balcons que sup-
portent des caryatides. Elles furent bâties au xviii° siècle, alors
que le commerce nantais était à l'apogée de sa prospérité. Il faut
ajouter malheureusement que la traite des noirs fut pour les

armateurs de cette époque la principale source de leurs richesses. De 1750 à 1790, ils transportèrent chaque année, de dix à douze mille esclaves aux Antilles.

Nantes, dont le corps est ramassé sur un petit espace, mais dont les bras s'étendent au loin par ses faubourgs, a été souvent comparée à une grosse araignée aux pattes longues et nombreuses. De tous ces bras, le plus remarquable, sans contredit, est la chaîne de *ponts* jetés sur la Loire.

AD. JOANNE, Guides.

LE PUY DE DOME

Je suis allé au puy de Dôme par pure affaire de conscience. Il m'est arrivé ce à quoi je m'étais attendu : la vue du haut de cette montagne est beaucoup moins belle que celle dont on jouit de Clermont. La perspective à vol d'oiseau est plate et vague ; l'objet se rapetisse dans la même proportion que l'espace s'étend.

Il y avait autrefois sur le puy de Dôme une chapelle dédiée à saint Barnabé ; on en voit encore les fondements : une pyramide de pierre de dix ou douze pieds marque aujourd'hui l'emplacement de cette chapelle. C'est là que Pascal a fait les premières expériences sur la pesanteur de l'air. Je me représentais ce puissant génie cherchant à découvrir, sur ce sommet solitaire, les secrets de la nature, qui devaient le conduire à la connaissance des mystères du Créateur de cette même nature. Pascal se fraya, au moyen de la science, le chemin à l'ignorance chrétienne ; il commença par être un homme sublime pour apprendre à devenir un simple enfant.

Le puy de Dôme n'est élevé que de 825 toises au-dessus du niveau de la mer[1]. Cependant je sentis à son sommet une diffi-

---

1. Un peu moins même : il n'y a que 1476 mètres.

Campagnards de l'Auvergne.

culté de respirer que je n'ai éprouvée ni dans les Alleghanys en Amérique, ni sur les plus hautes Alpes de la Savoie. J'ai gravi le puy de Dôme avec autant de peine que le Vésuve ; il faut près d'une heure pour monter de sa base au sommet, par un chemin roide et glissant ; mais la verdure et les fleurs vous suivent. La petite fille qui me servait de guide m'avait cueilli un bouquet des plus belles pensées ; j'ai moi-même trouvé, sous mes pas, des œillets rouges d'une élégance parfaite. Au-dessous de moi, des troupeaux de vaches paissaient parmi les monticules que domine le puy de Dôme. Ces troupeaux montent à la montagne avec le printemps, et en descendent avec la neige. On voit partout les *burons*, ou les chalets de l'Auvergne, mauvais abris de pierres sans ciment ou de bois gazonné. Chantez les chalets, mais ne les habitez pas.

CHATEAUBRIAND, Voyage à Clermont.

LA LIMAGNE

La position de Clermont est une des plus belles du monde.

Qu'on se représente des montagnes s'arrondissant en un demi-cercle : un monticule attaché à la partie concave de ce demi-cercle ; sur ce demi-cercle, Clermont ; au pied de Clermont, la Limagne, formant une vallée de vingt lieues de long, de six, huit et dix de large.

Le bassin de la Limagne n'est point d'un niveau égal : c'est un terrain tourmenté, dont les bosses de diverses hauteurs semblent unies quand on les voit de Clermont, mais qui, dans la vérité, offrent des inégalités nombreuses et forment une multitude de petits vallons au sein de la grande vallée. Des villages blancs, des maisons de campagne blanches, de vieux châteaux noirs, des collines rougeâtres, des plants de vignes, des prairies bordées de saules, des noyers isolés qui s'arrondissent comme des orangers, ou portent leurs rameaux sur les branches d'un candélabre, mêlent leurs couleurs variées à la couleur des froments. Ajoutez à cela tous les jeux de la lumière.

A mesure que le soleil descendait à l'occident, l'ombre s'avançait à l'orient et envahissait la plaine. Bientôt le soleil a disparu ;

Clermont-Ferrand.

mais, baissant toujours et marchant derrière les montagnes de l'ouest, il a rencontré quelque défilé débouchant sur la Limagne ; précipités à travers cette ouverture, ses rayons ont soudain coupé l'uniforme obscurité de la plaine par un fleuve d'or. Les monts qui bordent la Limagne au levant retenaient encore la lumière sur leur cime ; la ligne que ces monts traçaient dans l'air se brisait en arcs se liant les uns aux autres par les extrémités, et imitait à l'horizon la sinuosité d'une guirlande, ou les festons de ces draperies que l'on suspend aux murs d'un palais avec des

roses de bronze. Les montagnes du levant, dessinées de la sorte,
et peint's, comme je l'ai dit, des reflets du soleil opposé, res-

Puy de Dôme.

semblaient à un rideau de moire bleue et pourpre : lointaine et
dernière décoration du pompeux spectacle que la Limagne éta-
lait à mes yeux.

CHATEAUBRIAND, Voyage à Clermont.

SAINT-ÉTIENNE

Saint-Étienne est la ville des contrastes. Non loin du bel hôtel
de ville que les habitants ont élevé sur la place Neuve, on aperçoit des masures enfumées, vraies demeures de cyclopes, sans
carreaux de vitres, surchargées plutôt que couvertes de tuiles
à gouttières. Les chemins sont remplis d'une poussière noirâtre,

qui s'attache aux vêtements, aux habitations, aux meubles, et leur imprime promptement le caractère de la vétusté. C'est pourtant sur le bord de ces routes qu'on fabrique les gazes légères, les tulles, les rubans éclatants, dont l'Europe entière est tributaire. Ici des armuriers; plus loin des brodeuses; dans les champs, le bruit des forges; dans les rues, celui des métiers. On rencontre souvent à cheval des hommes tout couverts de fumée, qui semblent manquer de linge, et qui possèdent des usines productives.

AD. BLANQUI, Les classes ouvrières en France.

LA GIRONDE

Les rives bordées de verdure glissent à droite et à gauche, bien loin, au bord du ciel; à cette distance, on croirait voir deux haies; les arbres indistincts dressent leur taille fine dans une robe de gaze bleuâtre; çà et là de grands pins lèvent leurs parasols sur l'horizon vaporeux, où tout se confond et s'efface. L'eau du fleuve s'étale joyeuse et splendide; le soleil qui monte, verse sur sa poitrine un long ruisseau d'or; la brise le hérisse d'écailles; ses remous s'allongent et tressaillent comme un serpent qui s'éveille, et, quand la vague le soulève, on croit voir les flancs rayés, la cuirasse fauve d'un *Léviathan*. A Royan, voici déjà la mer et les dunes. La droite du village est noyée sous un amas de sable : là sont des collines croulantes, de petites vallées mornes où l'on est perdu comme dans un désert; nul bruit, nul mouvement, nulle vie; de pauvres herbes sans feuilles parsèment le sol mourant, et leurs filaments tombent comme des cheveux malades; de petits coquillages blancs et vides s'y collent en chapelets et craquent avec un grésillement partout où le pied se pose : ce lieu est l'ossuaire de quelque misérable tribu maritime. Un seul

Bordeaux.

arbre peut y vivre, le pin, être sauvage, habitant des côtes infé-
condes : il y en a toute une colonie. Ils se serrent fraternelle-
ment et couvrent le sable de leurs lamelles brunes ; la brise monotone qui les traverse éveille éternellement leur murmure ; ils
chantent ainsi d'une façon plaintive, mais avec une voix bien
plus douce et bien plus harmonieuse que les autres arbres : cette
voix ressemble au bruissement des cigales, lorsqu'en août elles
chantent de tout leur cœur entre les tiges des blés murs.

H. TAINE, Voyage aux Pyrénées.

BORDEAUX

Ce qui me frappe dans Bordeaux, c'est que cette ville est
tout à fait belle, belle au premier abord, belle encore après que
la première impression s'est calmée, belle toujours et belle partout ! Ce qui me charme dans sa physionomie, c'est cet air ouvert,
expressif, chaleureux, brillant, qui est le fond des physionomies
vraiment bordelaises. En effet, vous arrivez sur le sommet d'une
hauteur qui domine la ville, et déjà Bordeaux vous sourit et
vous appelle. Vous descendez ; la ville vous ouvre deux admirables
coteaux chargés de son meilleur vin, entre lesquels vous roulez
doucement jusqu'à ses portes. Voici la rivière ; elle a une demi-
lieue de large ; mais attendez ! la ville a jeté pour vous, d'une rive
à l'autre, le plus magnifique pont qui soit au monde, et la rivière
coule amoureusement entre ses dix-sept arches de pierre. Vous
voilà sur la rive gauche de la Garonne ; la ville s'y pose avec
majesté sur une lieue d'étendue, embrassant dans cette vaste
ceinture son fleuve chéri qui lui baise les pieds, et la marée
qu'elle retient captive dans cette courbe immense et gracieuse,
chargée de monuments et de palais. C'est ainsi que Bordeaux
vous reçoit. C'est avec cette bonne humeur, avec cette grâce

charmante que Bordeaux vous accueille, les bras ouverts, l'air content, le visage épanoui, le sourire sur les lèvres, le soleil du Midi étincelant sur sa noire chevelure !

Mais ce n'est pas tout.

Pendant que la rive gauche de la Garonne vous reçoit en reine sur ses quais magnifiques, l'autre rive vous regarde avec amour par ses maisons de plaisance, par ses vergers, par ses jardins, par les vignobles qui la couronnent, tandis qu'à ses pieds d'innombrables saules se baignent aux eaux du fleuve, forêt de verdure qui brille entre cette autre forêt de mâts dont la rivière est chargée. C'est là un spectacle véritablement enchanteur ; et pourtant il n'est presque pas un habitant de Bordeaux qui n'en puisse jouir tous les matins en mettant le nez à sa fenêtre, ou en faisant cinquante pas hors de chez lui. Un port est presque toujours un ouvrage d'art où la patience et le génie de l'homme ont lutté péniblement contre la nature, et qui porte des traces profondes et ineffaçables de cette lutte. Le port de Bordeaux ne signale que le génie et la bienfaisance de la nature. C'est elle qui a dessiné cette courbe élégante qui, plus forte que des jetées de granit, attire, retient et enserre l'Océan dompté dans ses replis de verdure et de fleurs. Aussi l'homme n'a eu, pour ainsi dire, qu'à se poser sur cette côte.

Cuvillier-Fleury, Voyages et Voyageurs, septembre 1837.

LES LANDES

Au-dessous de Bordeaux, un sol plat, des marécages, des sables, une terre qui va s'appauvrissant, des villages de plus en plus rares, bientôt le désert. J'aime autant le désert. Des bois de pins passent à droite et à gauche, silencieux et ternes. Chaque arbre porte au flanc la cicatrice des blessures par où les bûche-

Les Landes.

rons ont fait couler le sang résineux qui le gorge; la puissante
liqueur monte encore dans ses membres avec la séve, transpire
par ses flèches visqueuses et par sa peau fendue; une âpre odeur
aromatique emplit l'air. Plus loin, la plaine monotone des fougères s'étend à perte de vue, baignée de lumière. Leurs éventails
verts s'ouvrent sous le soleil qui les colore sans les flétrir. Quelques arbres çà et là lèvent sur l'horizon leurs colonnettes grêles.
De temps en temps on aperçoit la silhouette d'un pâtre sur ses
échasses, inerte et debout comme un héron malade. Des chevaux
libres passent à demi cachés dans les herbes. Au passage du
convoi, ils relèvent brusquement leurs grands yeux effarouchés,
et restent immobiles, inquiets du bruit qui a troublé leur solitude. L'homme n'est pas bien ici, il y meurt ou dégénère; mais
c'est la patrie des animaux et surtout des plantes. Elles foisonnent
dans le désert, libres, sûres de vivre. Nos jolies vallées, bien
découpées, sont mesquines auprès de ces espaces immenses
d'herbes marécageuses ou sèches, plage uniforme où la nature,
troublée ailleurs et tourmentée par les hommes, végète encore
ainsi qu'aux temps primitifs avec un calme égal à sa grandeur.
Le soleil a besoin de ces savanes pour déployer sa lumière; aux
exhalaisons qui montent, on sent que la plaine entière fermente
sous son effort, et les yeux, remplis par les horizons sans limite,
devinent le sourd travail par lequel cet océan de verdure pullu-
lante se renouvelle et se nourrit.

H. Taine, Voyage aux Pyrénées.

PANORAMA DE LA VILLE DE PAU

De là on voit toute la vallée et au fond les montagnes. Le cœur
se dilate dans cet espace immense; l'air n'est qu'une fête; les
yeux éblouis se ferment sous la clarté qui les inonde et qui ruis-

selle, renvoyée par le dôme ardent du soleil. Le courant de la rivière scintille comme une ceinture de pierreries; les chaînes de collines s'allongent à plaisir sous les rayons pénétrants qui les échauffent, et montent d'étage en étage pour étaler leur robe verte au soleil. Dans le lointain, les Pyrénées bleuâtres semblent une traînée de nuages; l'air qui les revêt en fait des êtres aériens, fantômes vaporeux, dont les derniers s'évanouissent dans l'horizon blanchâtre, contour indistinct qu'on prendrait pour l'esquisse fugitive du plus léger crayon. Au milieu de la chaîne dentelée, le pic du Midi d'Ossau dresse son cône abrupt; à cette distance, les formes s'adoucissent, les Pyrénées ne sont que la bordure gracieuse d'un paysage riant et d'un ciel magnifique. Rien d'imposant ni de sévère; l'idée qu'on emporte est celle d'une beauté sereine, et l'impression qu'on éprouve est celle d'un plaisir pur.

H. Taine, Voyage aux Pyrénées.

LES PYRÉNÉES

Le voyageur, longtemps enfoncé dans les vallons de la Gascogne, d'où quelques cimes éclatantes, au bout de son étroit horizon, lui ont déjà fait pressentir des beautés inconnues, s'arrête émerveillé de cette formidable barrière hérissée de pics, qui lui apparaissent tout à coup revêtus de clartés célestes. A l'aspect de tant de splendeur et d'éclat, le peintre admire, le poëte s'exalte, et l'ami de la nature, dans son enthousiasme, accuse de froideur les écrits où il en avait cherché le tableau. Impatient de voir de près les riches oppositions de formes et de teintes, son imagination le transporte sur ce champ fantastique de fatigues et de plaisirs.

La physionomie des montagnes est aussi variée que l'état de l'atmosphère. Rien de plus lugubre sous un ciel nébuleux, quand

Les Pyrénées.

toutes les neiges, se détachant de masses obscures, sont comme
des draperies funèbres jetées sur de gigantesques monuments.
Lorsque, au matin d'un beau jour, les brumes de la nuit réfugiées
dans les vallons commencent à sentir l'influence du soleil qui les
divise et les dissout, toutes ces vapeurs, animées à la fois d'un
mouvement d'ascension autour des pics et des glaciers, produisent mille tableaux qui varient sans cesse ; et quand les plaines
et les collines ont disparu sous une couche immobile de brouillards, tous ces monts, reposant sur le vide et détachés de la terre,
ne sont plus qu'une création idéale, une sublime illusion où la
baguette des fées a épuisé sa magie.

La hauteur moyenne, c'est-à-dire celle de la masse au-dessus
de laquelle s'élèvent les pics, est plus grande que dans les Alpes,
et les cols y sont plus élevés ; leur hauteur absolue est d'un quart
moindre que celle des Alpes, environ la moitié de celle des
Andes et les deux cinquièmes seulement de celle de l'Himalaya.
Quelle que soit la suprématie de ces colosses du globe sur les
Pyrénées, les cimes de celles-ci plongent encore dans la région
de l'atmosphère où il n'y a plus de dégels, et, par suite, sur leur
superficie se trouvent toutes les températures et toutes les zones
végétales qui existent de leur latitude au pôle, de même que
leur intérieur présente une infinie variété de formations géo-
gnostiques et d'espèces minérales. Elles renferment ainsi, pour
le naturaliste, toutes les sources d'investigation que présentent
les grandes chaînes, et de quoi satisfaire largement à tous les
genres de recherches.

V. DE CHAUSENQUE, *les Pyrénées.*

LA VALLÉE DE CAMPAN

Je ne peindrai point cette belle vallée si connue, si célébrée, si
digne de l'être ; ces maisons si jolies et si propres : chacune en-

tourée de sa prairie, accompagnée de son jardin, ombragée de sa touffe d'arbres ; les méandres de l'Adour plus vif qu'impétueux, impatient de ses rives, mais en respectant la verdure, les molles inflexions du sol ondé comme des vagues qui se balancent sous un vent doux et léger ; la gaieté des troupeaux et la richesse du berger ; ces bourgs opulents, formés comme fortuitement là où les habitations répandues dans la vallée ont redoublé de proximité. Bagnères, ce lieu charmant, où le plaisir a ses autels à côté de ceux d'Esculape et veut être de moitié dans ses miracles, séjour délicieux placé entre les champs de Bigorre et les prairies de Campan, comme entre la richesse et le bonheur. Ce cadre, enfin, digne de la magnificence du tableau ; cette fière enceinte où la nature oppose le sauvage au champêtre ; ces cavernes, ces cascades, visitées par tout ce que la France a de plus aimable et de plus illustre ; ces roches, trop verticales peut-être, dont l'aridité contraste avec la parure de ces heureuses vallées ; ce pic du Midi, suspendu sur leurs tranquilles retraites, comme l'épée du tyran sur la tête de Damoclès ; menaçants boulevards, qui me font trembler pour l'élysée qu'ils renferment.

Ramond, Voyage au mont Perdu.

LE CIRQUE DE GAVARNIE

Une muraille de granit couronnée de neige se creuse devant nous en cirque gigantesque. Ce cirque a douze cents pieds de haut, près d'une lieue de tour, trois étages de murs perpendiculaires, et, sur chaque étage, des milliers de gradins. La vallée finit là ; le mur est d'un seul bloc, inexpugnable. Les autres sommets crouleraient, que ses assises massives ne remueraient pas. L'esprit est accablé par l'idée d'une stabilité inébranlable et d'une éternité assurée. Là est la borne de deux contrées et de deux

Cirque de Gavarnie.

races ; c'est elle que Roland voulut rompre, lorsque, d'un coup
d'épée, il ouvrit une brèche à la cime. Mais l'immense blessure
disparaît dans l'énormité du mur invaincu. Trois nappes de neige
s'étalent sur les trois étages d'assises. Le soleil tombe de toute sa
force sur cette robe virginale, sans pouvoir la faire resplendir.
Elle garde sa blancheur mate. Tout ce grandiose est austère ; l'air
est glacé sous les rayons du midi ; de grandes ombres humides
rampent au pied des murailles. Les seuls habitants sont les cascades assemblées pour former le Gave. Les filets d'eau arrivent par
milliers de la plus haute assise, bondissant de gradin en gradin,
croisent leurs raies d'écume, serpentent, s'unissent et tombent
par douze ruisseaux qui glissent de la dernière assise en traînées
floconneuses pour se perdre dans les glaciers du sol. La treizième
cascade, sur la gauche, a deux mille deux cent soixante-huit pieds
de haut. Elle tombe lentement, comme un nuage qui descend,
ou comme un voile de mousseline qu'on déploie ; l'air adoucit sa
chute, l'œil suit avec complaisance la gracieuse ondulation du
beau voile aérien. Elle glisse le long du rocher et semble plutôt
flotter que couler. Le soleil luit à travers son panache de l'éclat
le plus doux et le plus aimable. Elle arrive en bas comme un bouquet de plumes fines et ondoyantes, et rejaillit en poussière d'argent ; la fraîche et transparente vapeur se balance autour de la
pierre trempée, et sa traînée, qui rebondit, monte légèrement le
long des assises. L'air est immobile ; nul bruit, nul être vivant
dans cette solitude. On n'entend que le murmure monotone des
cascades, semblable au bruissement des feuilles que le vent froisse
dans une forêt.

H. Taine, Voyage aux Pyrénées.

ASCENSION DU MONT PERDU

Nous approchions enfin du sommet de la crête du mont Perdu;
il ne restait plus qu'un petit nombre de degrés à monter, et le
redressement des couches en adoucissait déjà la pente. Je regar-
dai mes compagnons; aucun n'avait donné des signes de crainte,
mais aucun ne donnait des signes de joie. Une sorte de tristesse,
produite par une longue anxiété, laissait à peine concevoir ce que
le mont Perdu nous préparait de dédommagements. Après tant
de plans inclinés, de rochers si droits, de glaces si perfides, nous
ne sentions d'autre besoin que celui d'un peu de terrain plat où
le pied pût se poser sans délibération; mais ce terrain, nous ne
le touchions pas encore que déjà la scène change et que tout est
oublié. Du haut des rochers, nous considérions avec une muette
surprise le majestueux spectacle qui nous attirait au passage de
la Brèche. Nous ne le connaissions pas; nous ne l'avions jamais
vu; nous n'avions nulle idée de l'éclat incomparable qu'il recevait
d'un beau jour. La première fois, le rideau n'avait été que sou-
levé; le crêpe suspendu aux cimes répandait le deuil sur les objets mêmes qu'il ne couvrait pas. Aujourd'hui rien de voilé, rien
que le soleil n'éclairât de sa lumière la plus vive; le lac, complétement dégelé, réfléchissait un ciel d'azur; les glaciers étince-
laient, et la cime du mont Perdu, toute resplendissante de célestes
clartés, semblait ne plus appartenir à la terre. En vain j'essayerais
de peindre la magique apparence de ce tableau. Le dessin et la
teinte sont également étrangers à tout ce qui frappe habituellement nos regards. En vain je tenterais de décrire ce que son
apparition a d'inopiné, d'étonnant, de fantastique, au moment
où le rideau s'abaisse, où la porte s'ouvre, où l'on touche enfin
au seuil du gigantesque édifice. Les mots se traînent loin d'une
sensation plus rapide que la pensée, on n'en croit pas ses yeux.
On cherche autour de soi un appui, des comparaisons, tout s'y re-
fuse à la fois; un monde finit, un autre commence: un repos dans

cette vaste enceinte où les siècles passent d'un pied plus léger qu'ici-bas les années ! Quel silence sur ces hauteurs, où un son,

Mont Perdu.

quel qu'il soit, est la redoutable annonce d'un grand et rare phé-nomène ! Quel calme dans l'air et quelle sérénité dans le ciel qui nous inondait de clartés! Tout était d'accord, l'air, le ciel, la terre et les eaux ; tout semblait se recueillir en présence du soleil et recevoir son regard dans un immobile respect.

RAMOND, *Voyage au mont Perdu.*

LE BASSIN DU RHONE

Le voyageur qui s'embarque sur le Rhône, à Lyon, pour descendre à Marseille, n'aperçoit d'abord aucun changement dans l'aspect du paysage. Vienne, Tournon, Valence, passent devant lui sans que rien dans la végétation lui annonce qu'il s'avance avec une extrême rapidité vers le Midi. Les bords du fleuve sont couverts des mêmes cultures que ceux de la Saône. Seulement, la teinte du ciel, dont le bleu devient de plus en plus foncé, l'air tiède et doux que les poumons aspirent avec volupté, l'atmosphère plus transparente qui semble rapprocher les objets les plus éloignés, font pressentir le voisinage de la Méditerranée. Mais, à Donzères, après avoir dépassé le Pont-Saint-Esprit, le Rhône est brusquement resserré entre deux escarpements qui se dressent comme des murailles sur les bords du fleuve. Ce sont les Colonnes d'Hercule des climats du Nord. Lorsque le bateau à vapeur s'élance hors de cette gorge, tout est changé, c'est une nature nouvelle qui apparaît aux yeux du voyageur étonné. Des montagnes calcaires nues et petites, des édifices d'un ton jaune et chaud, des oliviers au feuillage grisâtre, de noirs cyprès, se détachent vigoureusement sur le ciel : c'est un paysage de Grèce ou d'Italie. La Provence est un morceau détaché de ces beaux pays et jeté sur le bord septentrional de la Méditerranée ; son climat est une heureuse exception dans celui de la France ; protégée par un cercle de montagnes, et s'abaissant, par gradins successifs, vers la Méditerranée, elle jouit d'une température supérieure à celle des provinces plus méridionales qui bordent les Pyrénées.

CH. MARTINS, *le Climat de la France.*

Lyon.

LYON

Près du point où la Saône et le Rhône vont se joindre, un coteau roide et élevé sépare les deux fleuves et baigne ses pieds, à droite et à gauche, dans leurs eaux encore distinctes. Avant d'arriver au confluent des deux rivières, il s'arrête brusquement et laisse au-devant de lui une plaine très-basse, de deux ou trois kilomètres de long, formant une grande presqu'île sur laquelle se trouve, à la base même de la montagne, le point central de Lyon.

La ville grimpe et se suspend sur les flancs du coteau, entasse les unes au-dessus des autres des maisons de six étages, jusqu'à ce que, en arrivant au sommet, elle rencontre le populeux quartier de la Croix-Rousse, qui la domine entièrement.

Elle ne reste pas d'ailleurs concentrée entre le Rhône et la Saône; elle se répand le long des hauteurs de Fourvières, sur la rive droite de la Saône, où l'antique cité a eu son berceau, et sur la rive gauche du Rhône, où la Guillotière s'étale en liberté, dans une vaste plaine, depuis les Brotteaux jusqu'à la Vitriolerie. Au sein de ces divisions principales, il s'en rencontre d'autres qui semblent faire de chaque quartier autant de villes différentes.

On dirait que chaque classe sociale est là parquée séparément, comme les Juifs dans les villes du moyen âge. Les fabricants sont groupés vers le bas de la côte que surmonte la Croix-Rousse. Le commerce proprement dit, les commissionnaires, ont leurs comptoirs au centre de la ville et sur les quais de la rive droite du Rhône. La fortune héréditaire s'est assise loin du fracas du négoce, dans la partie méridionale de Lyon, en descendant vers les terrains vagues de Perrache.

Les nombreux ouvriers qui exploitent les industries relatives à la soie, ont leur quartier général à la Croix-Rousse, immense assemblée d'ateliers d'où s'échappe un même bruit, où règne une même préoccupation, et où le tissage modèle réalise ses éblouissantes merveilles.

Les métiers débordent aussi sur la ville de Lyon et remplissent les maisons échelonnées sur le versant de la Grand'Côte. Un essaim de cette peuplade s'est transporté au delà du Rhône, où il occupe la partie des Brotteaux la moins éloignée de la Croix-Rousse. La souche même de la fabrique est encore enfouie sur la rive droite de la Saône, autour de la sombre cathédrale de Saint-Jean, dans les vieux quartiers de Saint-George et de Saint-Just.

A. Audiganne, *Les populations ouvrières de la France.*

LE CREUZOT

Une fumée épaisse, où la vapeur blanche de l'eau se mêle à de noirs tourbillons, cache en partie les demeures de ce centre du travail industriel. Des langues de feu sortent des fours ou des cheminées, et un gigantesque obélisque, haut de 80 mètres, de la base au sommet, c'est-à-dire deux fois plus élevé que la colonne Vendôme, porte jusque dans les nues son lourd panache de vapeur. La locomotive va et vient autour des ateliers; elle siffle, elle trépigne, elle est gênée dans ce vaste encombrement. De jour, le spectacle est frappant; de nuit, il est plus saisissant encore. La longue ligne de certains fours se jalonne par mille bouches lumineuses, étincelantes, pendant qu'une flamme bleuâtre est vomie par d'autres fourneaux, et que les formidables soufflets qui les alimentent d'air font sentir leurs imposantes pulsations.

En 1782, le Creuzot, vallée sauvage et inhabitée, portait le nom de Charbonnières, parce qu'on y apercevait l'affleurement d'une couche de charbon. La houille commençait alors à être chose appréciée en France : une compagnie se forma, dans laquelle s'intéressa Louis XVI, pour tirer parti de ce combustible minéral; mais les voies de communication manquaient. On y établit une fonderie de canons, une verrerie, puis l'usine s'arrêta après 1815.

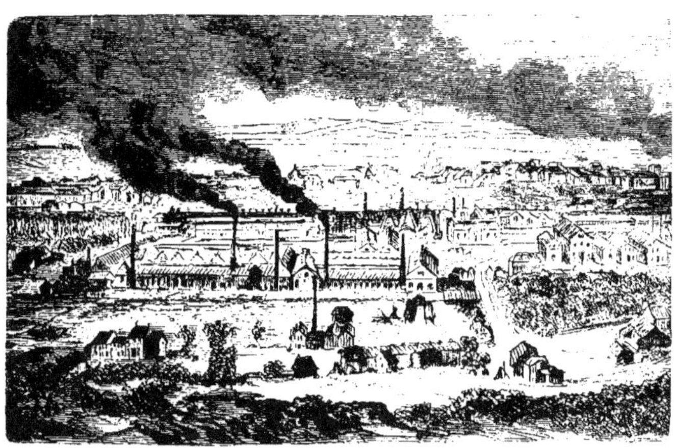

Le Creusot il y a vingt ans.

Le Creuzot d'aujourd'hui.

En 1837, le Creuzot passa aux mains de MM. Schneider.....
A partir de cette époque, cette usine n'a plus cessé de pros-

pérer. L'atelier de constructions mécaniques, créé en 1837, en même temps que naissaient chez nous les chemins de fer et la navigation à vapeur, est devenu successivement l'un des plus vastes et des mieux outillés du monde, et a contribué puissamment à la réputation du Creuzot. Une voie ferrée a relié l'usine au canal du Centre; l'extraction de la houille, l'exploitation des minerais, le traitement de la fonte et du fer, tout a été perfectionné sans relâche. Le pays s'est bien vite ressenti de ces changements et de tous ces progrès graduellement réalisés. En 1837, la localité comptait 3000 habitants; elle en a aujourd'hui 25 000, et l'établissement seul n'occupe pas moins de 10 000 ouvriers. Le Creuzot, qui extrayait alors 40 000 tonnes de charbon, de 1000 kilogrammes chacune, en exploite à présent 200 000, et en consomme le double. Enfin, de 20 000 tonnes de fer que l'usine produisait en 1837, le chiffre s'est élevé, en 1865, à 100 000 tonnes, le huitième de la production générale de la France. La fabrication des machines a suivi, au Creuzot, une voie ascendante aussi rapide. On y livre annuellement 5000 chevaux de force en machines de toute espèce; cent locomotives sortent chaque année de ses ateliers, pour commencer leur course infatigable sur tous les railways du monde.

L. SIMONIN, les Mines de Saône-et-Loire.

LE JURA

..... Ce sont des rangées parallèles et presque uniformes, qui vont en s'élevant, comme des étages successifs, de l'occident à l'orient; ce sont comme autant de murs d'enceinte, présentant d'un côté de longs talus en pente, et se terminant de l'autre par de brusques escarpements. Des vallées intermédiaires sépa-

rent ces murailles parallèles, dont la plus orientale, qui, sur
nombre de points, est aussi la plus élevée, domine de toute
sa hauteur les plaines de la Suisse. Des cirques ou combes, en
forme d'amphithéâtres, s'ouvrent dans l'épaisseur des remparts
du Jura, et çà et là des cluses ou défilés transversaux, animés
par des torrents, coupent en entier les chaînes et les séparent
en tronçons isolés. On a souvent comparé ces plateaux fragmen-
taires, qui s'allongent et se suivent uniformément dans la même
direction, à ces espèces de chenilles qui rampent sur le sol en
longues processions. En ne tenant pas compte des cluses qui
partagent en plusieurs morceaux les murs parallèles du Jura,
on a aussi comparé ces monts, plus poétiquement, aux rides qui
se produisent sur une surface liquide, à la chute d'une pierre.

Élisée Reclus, la Terre.

SOMMET DU MONT BLANC

La cime du mont Blanc est une espèce de dos d'âne, ou d'a-
rête allongée dirigée du levant au couchant, à peu près hori-
zontale dans sa partie la plus élevée, et descendant à ses deux
extrémités sous les angles de 28 à 30 degrés. Cette arête est très-
étroite, presque tranchante à son sommet, au point que deux
personnes ne pourraient pas marcher de front; mais elle s'élar-
git et s'arrondit en descendant du côté de l'est, et elle prend, du
côté de l'ouest, la forme d'un avant-toit, saillant au nord. Toute
cette sommité est entièrement couverte de neige; on n'en voit
sortir aucun rocher, si ce n'est à soixante ou soixante et dix
toises au-dessous. Il aurait paru naturel de penser que la plus
haute cime des Alpes devait se trouver auprès de leur centre, ou
du moins vers le milieu de la largeur de la masse des montagnes primitives. Cependant cela n'est point ainsi. On voit, de la

cime du mont Blanc, qu'au midi, du côté de l'Italie, il y a beaucoup plus de hautes sommités qu'au nord, du côté de la Savoie;
en sorte que cette haute cime se trouve presque au bord septentrional de l'ensemble des montagnes primitives. Aussi le spectacle est-il beaucoup plus beau et plus intéressant du côté de
l'Italie. Les aiguilles et les glaciers de tous les environs du mont
Blanc faisaient pour moi le spectacle tout à la fois le plus ravissant et le plus instructif.

D'après l'élévation du mont Blanc, on a demandé si de la cime
on ne pourrait pas voir la mer. Certainement nous ne la distin-
guâmes pas; mais il y avait à l'horizon de la vapeur, qui nous
aurait empêchés de la voir, lors même qu'elle aurait été dans
la sphère de nos rayons visuels. Cependant on pourrait, de la
cime de cette montagne, voir les bords du golfe de Gênes, qui
en sont éloignés de cinquante-six lieues, s'il n'y avait que des
plaines entre le mont Blanc et la mer; cela ne serait nullement
contraire aux lois de l'optique, combinées avec la courbure de
la terre.

De Saussure, Voyage dans les Alpes.

ASPECT DU MONT BLANC

Pour examiner dans son ensemble, et du plus près qu'il soit
possible, cette masse énorme du mont Blanc, dont on n'est
séparé que par la largeur de l'étroite vallée de Chamonix, aucun observatoire n'est comparable au Brévent, découpé à pic
sur la plaine. . . . .
L'immensité du spectacle, l'escarpement vertical des cimes
qui s'abaissent autour de vous, la lointaine profondeur où l'on
aperçoit, au delà du lac de Genève, la ligne aplanie du Jura;
l'isolement où l'on se voit dans les airs sur cette étroite plate-

Chamonix et le mont Blanc.

forme ; les abîmes dont on est entouré ; l'étendue démesurée des
pentes de neige, l'éclat avec lequel elles se découpent sur
des murailles de glace d'une translucidité glauque ; la netteté
des arêtes rocheuses, la projection bleue de leurs vastes ombres,
et cette procession décroissante d'aiguilles hérissées, tout con-
tribue à vous remplir d'un étonnement qui va jusqu'à la stupeur.

Francis Wey, la Haute-Savoie.

LA VALLÉE DE CHAMONIX

..... En sortant de ce défilé étroit et sauvage, on tourne à
gauche et l'on entre dans la vallée de Chamonix, dont l'aspect
est au contraire infiniment doux et riant. Le fond de la vallée, en
forme de berceau, est couvert de prairies, au milieu desquelles
passe le chemin bordé de petites palissades. On découvre successivement les différents glaciers qui descendent dans cette
vallée. On ne voit d'abord que celui de Taconnaz, qui est presque
suspendu sur la pente rapide d'une petite ravine dont il occupe
le fond. Mais bientôt les yeux se fixent sur celui des Bossons,
qu'on voit descendre du haut des sommités voisines du mont
Blanc : ses glaces, d'une blancheur éblouissante, dressées en
forme de hautes pyramides, font un effet étonnant au milieu
des forêts de sapins qu'elles traversent et qu'elles surpassent.
On voit enfin le grand glacier des Bois, qui, en descendant, se
recourbe contre la vallée de Chamonix : on distingue ses murs
de glace, qui dominent des rocs jaunes taillés à pic.
Ces glaciers majestueux, séparés par de grandes forêts, couronnés par des rocs de granit d'une hauteur étonnante, qui sont
taillés en forme de grands obélisques et entremêlés de neiges et
de glaces, présentent un des plus grands et des plus singuliers
spectacles qu'il soit possible d'imaginer. L'air pur et frais qu'on

respire, la belle culture de la vallée, les jolis hameaux que l'on rencontre à chaque pas, donnent, par un beau jour, l'idée d'un monde nouveau, d'une espèce de paradis terrestre renfermé par une divinité bienfaisante dans l'enceinte de ces montagnes. La route, partout belle et facile, permet de se livrer à la délicieuse rêverie et aux idées douces, variées et nouvelles qui se présentent en foule à l'esprit.

Quelquefois de grands éclats, semblables à des coups de tonnerre, et suivis, comme eux, par de longs roulements, interrompent cette rêverie, causent une espèce d'effroi, quand on ignore leur cause, et montrent, quand on la connaît, combien est grande la masse des glaçons dont la chute produit un si terrible fracas.

De Saussure, Voyage dans les Alpes.

LE DAUPHINÉ

Le Dauphiné est la plus belle partie de la France; il l'emporte de beaucoup sur le Jura et sur les Pyrénées; il l'emporte même sur l'Auvergne et le Velay. Il possède une grande vallée et des gorges que la Suisse elle-même pourrait lui envier; quelques-uns de ses glaciers étonnent par leur magnificence et par leur étendue les touristes qui reviennent de l'Oberland bernois et de Chamonix. Si les versants de ses montagnes sont parfois trop arides, trop dépouillés, les forêts qu'ils ont heureusement conservées peuvent encore montrer des arbres merveilleux de force, d'élévation, de couleur; il donne naissance à de grandes rivières, dont les affluents forment dans leurs vallées d'admirables cascades; ses eaux minérales guérissent un grand nombre de maladies. Le poisson et le gibier y abondent. Son sol recèle des mines qui enrichiront, un jour, une population plus indus-

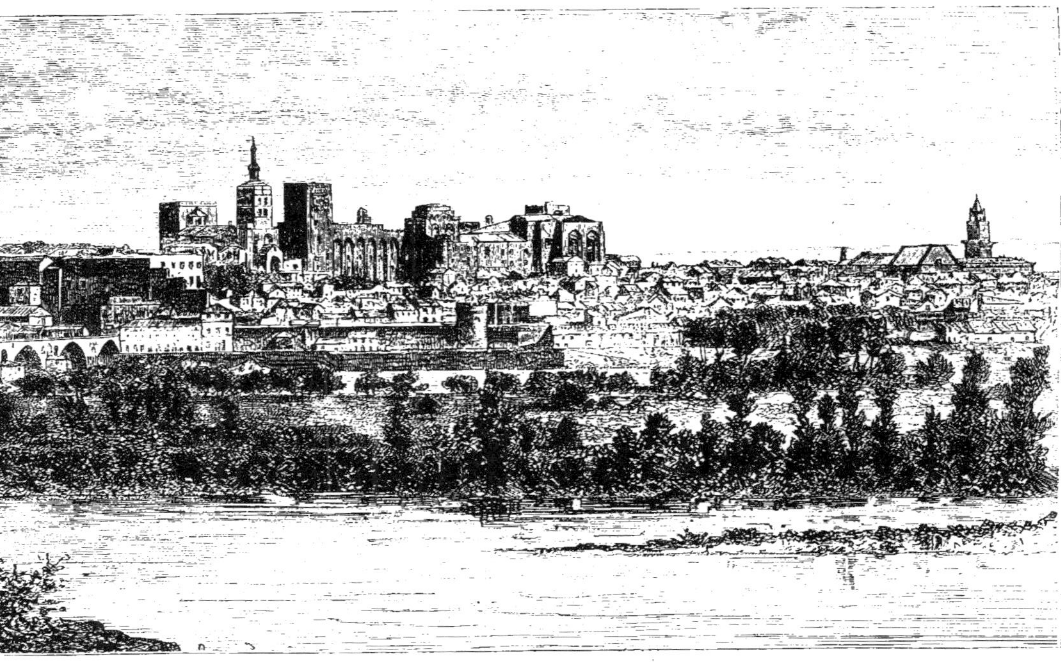

Avignon

trieuse et plus éclairée. Ses principales sommités présentent à
ceux qui les gravissent d'immenses et splendides panoramas.
Son ciel a parfois déjà les teintes chaudes de latitudes plus
méridionales.

Adolphe Joanne, dans le Tour du monde.

AVIGNON

L'aspect général d'Avignon est celui d'une place de guerre. Le
style de tous les grands édifices est militaire, et ses palais, comme
ses églises, semblent autant de forteresses. Des créneaux, des mâ-
chicoulis, couronnent les clochers ; enfin tout annonce des habitudes de révolte et de guerres civiles.

A voir le château des Papes, le plus considérable de tous ces
bâtiments, on dirait la citadelle d'un tyran asiatique plutôt que
la demeure du vicaire d'un Dieu de paix. Construit sur un
rocher escarpé, il élève ses tours massives à une hauteur prodigieuse. Rien dans cet immense édifice ne paraît avoir été donné
à l'art ; partout l'agrément et même la commodité ont été sacri-
fiés à la sûreté. Non-seulement l'épaisseur des murs, leur élévation, les fossés qui les bordent, semblent défier les attaques de
vive force ; mais on a prévu encore le cas de surprise. L'intérieur
du palais est aussi bien fortifié que l'extérieur. La grande cour
est dominée de tous côtés par des tours et de hautes courtines.
Maître de la porte et de cette cour, l'assaillant n'a rien fait encore, c'est un nouveau siége qu'il lui faut entreprendre ; enfin,
toutes défenses emportées, reste une tour à forcer. La porte se
brise, l'ennemi se précipite dans l'escalier, il va pénétrer dans
l'appartement que le pape a choisi pour sa retraite. Tout d'un
coup l'escalier se perd dans une muraille. Au-dessus, une espèce

de palier, où l'on ne peut monter que par une échelle, est garni de soldats, qui peuvent assommer un à un ceux qui se croyaient vainqueurs.

MÉRIMÉE, Voyage dans le midi de la France.

MARSEILLE

C'est en arrivant à Aix qu'on peut se faire une idée de cette terre si belle dans son aridité même. C'est en parvenant surtout aux dernières hauteurs qui renferment Marseille qu'on est saisi subitement d'un spectacle magnifique, dont tous les voyageurs ont retenu le souvenir. Deux grandes chaînes de rochers s'entr'ouvrent, embrassant un vaste espace, et, se prolongeant dans la mer, viennent expirer très-avant dans les flots : Marseille est renfermée dans cette enceinte.

Lorsque, arrivant du nord, on parvient sur la première chaîne, on aperçoit tout à coup le bassin immense, et son étendue, son éblouissante clarté vous saisissent d'abord; bientôt on est frappé de la forme du sol et de sa singulière végétation. Il faut renoncer ici aux croupes arrondies, à la parure si riche et si verdoyante des bords de la Saône et de la Garonne. Une masse immense, calcaire et de grès azuré forme la première enceinte. Des bancs élevés s'en détachent, et, se ramifiant dans la plaine, composent un sol inégal et extrêmement varié. Sur chaque hauteur s'élèvent des bouquets de pins d'Italie, qui forment d'élégants parasols d'un vert sombre et presque noir. Des oliviers au vert pâle, à la taille moyenne, descendent le long des coteaux, et contrastent par leur pâleur et leur petite masse arrondie avec la stature élancée et le superbe dôme des pins. A leur pied croît une végétation basse, épaisse et grisâtre. C'est la sauge piquante et le thym odorant, qui, foulés aux pieds, répan-

Marseille.

dent un parfum si doux et si fort. Au centre du bassin, Marseille,
presque cachée par un coteau long et fuyant, se montre de profil ;
et la silhouette, tantôt cachée par la vapeur, tantôt apparaissant
entre les ondulations du sol, vient se terminer dans l'azur des
mers par la belle tour de Saint-Jean. Au couchant, enfin, s'étend
la Méditerranée, qui pousse dans les terres des lames argentées ;
la Méditerranée, avec les îles de Pomègue et de Ratoneau, avec
le château d'If, avec les flots tantôt calmes ou agités, éclatants
ou sombres.

A. Thiers, le Midi de la France.

L'ILE DE CORSE

La Corse est située à vingt lieues des côtes de Toscane, à quarante des côtes de Provence, et à soixante de celles d'Espagne :
géographiquement elle appartient à l'Italie, mais elle est partie
intégrante de la France. Sa surface est de cinq cents lieues carrées. Elle a quatre villes maritimes : Bastia, Ajaccio, Calvi, Boni-
facio ; soixante-trois pièves ou vallées ; quatre cent cinquante
villages ou hameaux ; trois grandes rades, propres à contenir
les flottes les plus nombreuses : Saint-Florent, Ajaccio et Porto-
Vecchio.

L'île est montagneuse : elle est traversée du nord au sud par
une haute chaîne granitique, qui partage l'île en deux. Les pitons
supérieurs sont couverts de neige. Les trois plus grandes rivières
sont le Golo, le Liamone et le Tavignano. Des hautes montagnes
coulent des rivières ou torrents, qui se jettent à la mer dans toutes
les directions ; à leur embouchure sont de petites plaines d'une
ou deux lieues de circuit. La côte, du côté de l'Italie, de Bastia à
Aleria, est une plaine de vingt lieues de long sur trois à quatre
de large.

L'île est boisée ; les plaines ou les collines sont ou peuvent
être couvertes d'oliviers, de mûriers, d'arbres fruitiers, d'orangers, de grenadiers, etc. Les revers des montagnes sont couverts
de châtaigniers, au milieu desquels sont situés des villages qui,
par leur position, se trouvent naturellement fortifiés. Sur les
sommets des montagnes, sont des forêts de pins, de chênes verts ;
les oliviers sont aussi gros que dans le Levant ; les châtaigniers
sont énormes et de la plus grande espèce ; les pins et les sapins ne
le cèdent point à ceux de Russie, pour l'élévation et la grosseur.
Mais, comme mâts de hune, ils ne peuvent servir que trois ou
quatre ans : au bout de ce laps de temps, ils se sont desséchés
et sont devenus cassants, tandis que le pin de Russie conserve
toujours son élasticité et sa souplesse. L'huile, le vin, la soie
et le bois de construction sont quatre grandes branches d'expor-
tation propres à enrichir cette île. La population est de moins
de 180 000 âmes[1], elle pourrait être de 500 000 : le pays fournirait les blés, les châtaignes et les troupeaux nécessaires pour les
nourrir. Avant l'incursion des Sarrasins, tous les bords de la
mer étaient peuplés. Aleria et Mariana, deux colonies romaines,
étaient deux grandes villes de 60 000 âmes ; mais les incursions
des Musulmans, dans les VIIe et VIIIe siècles, et, depuis, celles des
Barbaresques, ont porté toute la population dans les montagnes ;
les plaines sont devenues inhabitées, et dès lors malsaines.

La Corse est un beau pays aux mois de janvier et de février,
mais dans la canicule la sécheresse se fait sentir ; alors elle
manque d'eau, surtout dans les plaines, et les habitants éprouvent un grand agrément à habiter à mi-côte, d'où ils descendent
aux marais dans l'hiver, soit pour faire paître leurs troupeaux,
soit pour cultiver les plaines.

Saint-Florent est désigné par la nature pour être la capitale de
l'île, le point d'appui de sa défense, le centre de tous les magasins, de l'administration, parce que sa rade est la plus belle et la
plus près de Toulon ; ce seul point doit être régulièrement for-

---

1. Le recensement de 1872 donne 258 500 habitants.

tifié : dans toutes les autres villes, on ne doit laisser subsister
que des batteries de côtes. L'air de Saint-Florent est aujourd'hui
malsain, non dans la rade, mais dans le lieu où est située la petite ville ; cependant il ne serait pas difficile de dessécher les
marais. Une partie de la population de Bastia, qui n'est éloignée
que de peu de lieues, se rendrait naturellement dans la nouvelle
ville. Au défaut de Saint-Florent, Ajaccio doit être la capitale,
le centre de l'administration et de la défense, parce que c'est la
deuxième rade placée du côté de Toulon, et la plus rapprochée
après Saint-Florent. C'est dans un intérêt italien que Bastia a été
choisie pour capitale, parce que c'est la ville la plus près de l'Italie : la communication directe avec la France y est difficile ; les
bâtiments sont obligés de doubler le cap Corse ; cette ville d'ailleurs n'a pas de rade, et dans son port ne peut recevoir que des
bâtiments marchands.

Napoléon Ier, Mémoires.

ILES BRITANNIQUES

LA NATION ANGLAISE (CITATIONS DIVERSES)

Il faut étudier l'Italie pour savoir ce qu'a été le genre humain, il faut voir l'Angleterre pour deviner ce qu'il deviendra.

De Custine.

Les Anglais ont plus de force de constitution que tous les autres peuples. Ils sont d'opinion que les mâles exercices sont le fondement de toute élévation de l'âme, qui donne à une nature l'ascendant sur d'autres. Ils boxent, ils courent, ils chassent, ils vont à cheval, à la rame, à la voile d'un pôle à l'autre. C'est le plus vorace peuple de proie qui ait jamais existé.

Emerson.

La race saxonne a dans les veines une goutte de sang des Titans; rien ne l'arrête, rien ne l'effraye dans la conquête du monde physique; elle porte de superbes défis à la nature, creuse les montagnes, entame les roches et jette à la face du ciel les richesses arrachées du sein de la terre. Mais cette race aux bras forts devient tout à coup timide dès qu'il s'agit de toucher aux usages reçus. Peut-être faut-il voir dans cette dernière circonstance une sage économie de la nature qui a su mettre des freins et des contre-poids à l'audace de certaines familles humaines.

Alphonse Esquiros.

La vanité est l'âme de toute société anglaise : c'est elle qui construit cette forme de société froide, compassée, étiquetée ;

c'est elle qui a créé ces classifications de rangs, de titres, de di-
gnités, de richesses, par lesquelles seuls les hommes y sont mar-
qués et qui ont fait une abstraction complète de l'homme pour
ne considérer que le nom, l'habit, la forme sociale.

LAMARTINE.

En France, je fais amitié avec tout le monde; en Angleterre,
je n'en fais avec personne. Il faut faire ici comme les Anglais,
vivre pour soi, ne se soucier de personne, n'aimer personne et
ne compter sur personne. Ce sont des génies singuliers. Ils sont
recueillis, vivent beaucoup en eux-mêmes et pensent tout seuls.
La plupart, avec de l'esprit, sont tourmentés par leur esprit
même. Dans le dédain ou le dégoût de toutes choses, ils sont malheureux avec tant de sujets de ne l'être pas.

MONTESQUIEU.

Le citoyen de la Grande-Bretagne est un patriarche dans sa
maison, un poëte dans ses forêts, un orateur sur sa place publique, un marchand dans son comptoir, un héros sur son navire,
un cosmopolite sur le sol de ses colonies, mais un cosmopolite
emportant sur tous les continents avec lui son indélébile indivi-
dualité.

LAMARTINE.

LES BORDS DE LA TAMISE

Peu à peu les nuages ont disparu et le ciel rayonne. A droite
et à gauche, passent de petites maisons de campagne, jolies, propres et fraîchement peintes. On voit à l'horizon monter des gazons verts, et çà et là de grands arbres bien posés, bien groupés.
Gravesend, sur la gauche, entasse ses maisons brunes autour
d'un clocher bleuâtre. Les navires, les magasins se multiplient;
on sent l'approche de la grande ville. Les petits ponts d'embar-
quement s'avancent à cinquante pas dans la rivière, par-dessus la

bourbe luisante que le reflux laisse à sec. A chaque quart d'heure, l'empreinte et la présence de l'homme, la puissance par laquelle il a transformé la nature, deviennent plus visibles : docks, entrepôts, bassins de construction et de calfatage, chantiers, maisons d'habitation, matériaux préparés, marchandises accumulées ; on voit sur la droite la carcasse de fer d'une église qu'on ajuste ici pour la bâtir dans l'Inde. — L'étonnement finit par se changer en accablement. A partir de Greenwich, le fleuve n'est plus qu'une rue large d'un mille, où montent et descendent les navires entre deux files de bâtisses, interminables files d'un rouge sombre, en briques et en tuiles, bordées de grands pieux fichés dans la vase pour amarrer les navires, qui viennent là se vider et s'emplir. Toujours de nouveaux magasins pour le cuivre, la pierre, la houille, les agrès, et le reste ; toujours des ballots qu'on empile, des sacs qu'on hisse, des tonneaux qu'on fait rouler, des grues qui grincent, des cabestans qui crient. La mer arrive à Londres par le fleuve ; c'est un port en pleine terre : New-York, Melbourne, Canton, Calcutta, abordent ici du premier coup. — Mais ce qui porte l'impression au comble, ce sont les canaux par lesquels les docks débouchent dans la grande eau ; ils font des rues posées en travers, et ce sont des rues de navires ; on les aperçoit tout d'un coup en enfilades qui ne finissent pas. L'horizon est cerné de mâts et de câbles. Les gréements innombrables, indistincts, étendent en cercle une toile d'araignée au bord du ciel...

Cependant, sur le fleuve, à l'occident, s'élève une forêt inextricable de vergues, de mâts, de cordages : ce sont les navires qui arrivent, partent ou stationnent, d'abord par paquets, puis en longues files, puis en un amas continu, accrochés, mêlés contre les cheminées des maisons et les poulies des magasins, avec tout l'attirail du labeur incessant, régulier, gigantesque. Une fumée brumeuse, pénétrée de lumière, les enveloppe ; le soleil y tamise sa pluie d'or, et l'eau saumâtre, demi-jaune, demi-verdâtre, demi-violacée, balance dans ses ondulations des reflets éclatants et étranges.

H. TAINE, Notes sur l'Angleterre.

LONDRES. — FORCE ET GRANDEUR DES CRÉATIONS ANGLO-SAXONNES

Jetez les yeux sur Londres, cette ville qui finit et qui recommence toujours. La cataracte du Niagara a moins de flots, elle fait moins de bruit et de fumée que cette marée humaine, la population de Londres. C'est surtout par un de ces jours de brouillard, si fréquents au mois de novembre, qu'il faut voir cette cité colossale, étrange, unique dans le monde. Le fauve brouillard s'épaissit encore de tous les torrents de fumée que dégorgent dans le ciel d'immenses tuyaux de briques, les mille fournaises de l'industrie, les cheminées des fabriques et des maisons. Si vous regardez à votre montre, il est onze heures du matin ; si vous regardez au ciel, il est encore nuit. Les becs de gaz flambent, les boutiques du Strand sont éclairées ; des hommes, des enfants, noirs comme des démons, portent des torches qu'ils agitent jusque sous les pieds des chevaux ; mais à quoi bon ? la lumière ne fait qu'accuser la couleur livide du brouillard. Eh bien, dans ce nuage rampant, dans ces ténèbres diurnes, vont, viennent, circulent, se croisent des hommes à figure impassible, affairée, silencieuse, les uns sous les habits de luxe, les autres sous les haillons de la misère. On dirait des ombres qui s'agitent dans un tombeau.

Quiconque aime le spectacle des multitudes et des villes immenses abandonne volontiers le désert au voyageur ; il rencontre à Londres, dans cette forêt d'hommes, un sujet de contemplation égal au moins pour la grandeur à toutes les scènes prodigieuses de la nature. Il y a une sorte de charme et de vertige à étudier toutes ces faces de la vie humaine, dont la variété est inépuisable. Et puis, si vous êtes fatigué de la vue d'un peuple qui achète et qui vend, du bruit éternel des roues des machines, des chevaux, du roulement des locomotives et des wagons, qui, même dans les rues de Londres, passent au-dessus de vos têtes en sifflant, faites un pas, et, au milieu de cette solitude aride de la foule, vous trouverez l'oasis. Un soir d'été, j'étais dans Hyde-Park : autour de moi tout faisait silence, à l'exception des oiseaux; des vaches paissaient dans l'herbe, de vieux et grands arbres secouaient au vent leur chevelure négligée ; des enfants jouaient, nageaient, barbotaient dans une pièce d'eau, la Serpentine. Au milieu de cet horizon immense, dont rien ne bornait la vue que des lignes de verdure et de ciel bleu, je me serais cru à cent lieues d'une capitale, et pourtant j'étais à Londres.

Alphonse Esquiros, l'Angleterre et la vie anglaise.

MANCHESTER

Nous entrons dans le pays du fer et de la houille, partout les traces de la vie industrielle : les débris de minerai font des montagnes; le sol est disloqué par les excavations; les hauts fourneaux flamboient. Nous approchons de Manchester. Dans le ciel cuivré du couchant, un nuage de forme étrange pèse sur la plaine; sous ce couvercle immobile, des cheminées hautes comme des obélisques se hérissent par centaines; on distingue un amas énorme et noirâtre, des files indéfinies de bâtisses, et l'on entre dans la Babel de briques. Vue de près, elle est plus lugubre encore. L'air et le sol semblent.imprégnés de brouillard et de suie. Les manufactures alignent l'une après l'autre leurs briques salies, leurs façades nues, leurs fenêtres sans volets, comme des prisons économiques et colossales. Une grande caserne à bon marché, un work-house pour quatre cent mille personnes, un pénitencier de travail forcé, voilà les idées qui viennent à l'esprit. Une de ces bâtisses est un rectangle à six étages, chacun de quarante fenêtres : c'est là que, sous la lumière du gaz, au roulement assourdissant des métiers, des milliers d'ouvriers, parqués, enrégimentés, immobiles, tous les jours, tout le jour, poussent

machinalement leur machine. Se peut-il une vie plus violentée,
plus contraire aux instincts naturels de l'homme?

Vers six heures, les ateliers dégorgent dans les rues une foule
agitée et bruyante; hommes, femmes, enfants, on les voit grouiller
dans l'air trouble. Leurs vêtements sont salis; beaucoup d'enfants vont nu-pieds; les figures sont tirées et mornes. Plusieurs
s'arrêtent aux boutiques de gin; les autres s'éparpillent et rega-
gnent leurs tanières.

Ici et à Liverpool, comme à Londres, le caractère anglais se
marque dans les constructions. Le citadin fait tout ce qu'il peut
pour cesser d'être citadin : il tâche d'avoir dans un coin de la
ville son château et sa campagne; il a besoin d'être chez lui, de
se sentir seul, roi de sa famille et de ses domestiques, d'avoir
à lui et autour de lui un coin de parc ou de jardin qui le délasse
de la vie artificielle et des affaires. De là, d'immenses rues sans
boutiques, silencieuses, où chaque maison, entourée d'un carré
vert, est isolée et ne contient qu'une famille. En outre, au delà
de Manchester, s'étend Bowdon, sorte de villa générale, avec un
superbe parc à lord Stamford, qui en donne la jouissance au
public : magnifiques arbres, riches gazons, troupeaux de daims
familiers, couchés dans les fougères. Au sortir de l'atelier ou
du bureau, comme on doit sentir la douceur et le calme de ces
beautés naturelles !

H. Taine, *Notes sur l'Angleterre*.

LES MINES DE HOUILLE EN ANGLETERRE

Parmi les bassins anglais, les deux plus célèbres occupent
une position littorale. L'un, assis au couchant, le bassin du pays
de Galles, a porté aux quatre coins du monde la réputation du
cardiff, le charbon préféré des chauffeurs, qui a pris son nom

du lieu qui l'expédie ; l'autre, saluant le soleil levant, le bassin de Newcastle, a répandu dans tout l'univers le charbon rival du cardiff, le *newcastle*, connu sous le même nom que le bassin dont il est tiré. Le pays de Galles produit huit millions de tonnes ; le bassin de Newcastle, vingt-quatre millions. Ce dernier chiffre est plus du double de toute la production de la France ! Dans le pays de Galles, des villes comme Merthyr-Tydvil, Cardiff, Swansea, nées d'hier, comptent déjà chacune plus de 40 000 habitants, grâce au commerce du charbon. L'une d'elles a concentré dans ses usines grandioses, à la faveur du bas prix de la houille, le traitement des minerais de cuivre du monde entier. . . .

. . . .

C'est au charbon aussi que Newcastle doit son renom. Ni la Tyne, qui baigne ses quais, ni le mur qu'Adrien y fit élever contre les irruptions des Pictes, ni le château fort que Robert, fils de Guillaume le Conquérant, y édifia, et que prirent et perdirent tant de fois les Écossais, n'auraient suffi à l'illustrer, ni même à la faire connaître. C'est la houille qui a répandu son nom au delà des mers ; c'est la houille qui a fondé aussi Sunderland, le principal port, avec Newcastle, où se fait le commerce du charbon sur cette partie du rivage britannique. Les Anglais sont fiers de leurs houillères. Ils les ont appelées les Indes noires, *black Indies*, pour montrer toute l'importance qu'ils attachent à cette exploitation. Et même ils ne donneraient pas ces Indes pour celles d'Asie ou d'Amérique. « Un jour, dit un auteur de la *British Quarterly Review*, on vit trois cents navires sortir de la Tyne par un même flot de marée, puis, la voile au vent, s'élancer sur l'Océan dans diverses directions, courbés sous leur charge, mille fois plus précieuse que s'ils eussent porté l'or de l'Australie ou l'argent du Mexique. » . .

. . . .

J'ai eu l'heureuse chance de visiter à plusieurs reprises une partie des houillères anglaises. C'est une animation, une vie que rien n'égale. Les chemins de fer, les canaux, se croisent ; souvent même deux lignes ferrées, établies à des niveaux différents, sui-

Vue d'une usine du pays de Galles.

vent la même direction, tant est grand le mouvement auquel
le combustible donne lieu. Partout des usines, des manufactures. Ici c'est Sheffield, le pays de l'acier; là Birmingham,
où les ateliers métallurgiques et mécaniques, les fabriques de
tous genres, s'entassent, se pressent, produisant les machines,
les outils, le métal anglais, les plumes de fer, les épingles, les
aiguilles, les lits métalliques, etc.; plus loin ce sont les villes
du Staffordshire, où l'on fabrique la faïence et la porcelaine, et
qui occupent dans ce comté le district que les Anglais appellent
Poteries, comme ils nomment *Pays noir* celui des mines de
charbon. Puis c'est Manchester, la première ville industrielle du
monde, la cité des filatures, où le *roi Coton* occupe, ainsi qu'à
Liverpool, presque toutes les têtes et tous les bras. Enfin, c'est
le pays de Galles, la patrie des grandes forges, où le minerai se
trouve au milieu même du combustible et souvent avec le calcaire lui-même. Ce calcaire facilite la fusion. Jeté dans le four,
associé au minerai, il sert, comme on dit, de fondant. Les
trois substances indispensables à tout travail métallurgique,
le combustible, le minerai, le fondant, se trouvent ainsi rassem-
blées dans le même gîte par une singulière prodigalité de la
nature.

L. Simonin, la Vie souterraine.

PAYS-BAS ET BELGIQUE

LES DIGUES DE LA HOLLANDE

Les Hollandais portent dans la confection de leurs digues
l'intelligence de soins et d'économie qu'ils appliquent à tous
leurs travaux. Ils remplacent la pierre qui manque à leur pays
par des fascines de roseaux ou de petites branches de saule placées par couches d'un pied d'épaisseur, et disposées de manière
qu'une couche soit parallèle, et l'autre perpendiculaire au courant. Ces fascines, dont les intervalles sont garnis avec du sable,
sont contenues par des pieux qui les traversent. Le peu de
pierres que l'on peut se procurer en allant les chercher en Norvége servent à consolider l'ouvrage par leur poids, et à faciliter
la circulation des voitures sur la partie la plus élevée.

C'est un admirable travail que celui des digues de la Hollande; mais c'est un effrayant spectacle que celui d'une mer
ouverte, luttant de son poids immense et de la fureur de ses
tempêtes contre des amas de fagots recouverts de sable, et menaçant d'une irrémédiable submersion une population de deux
millions d'âmes, qui vit aussi rassurée que si elle habitait les
sommets du mont Blanc ou des Cordillères. Le déplacement
d'une fascine, l'ouverture inaperçue d'un trou de rat, peuvent
suffire pour amener l'événement; et, si l'on y songe, c'est pour
le prévenir, nullement pour s'en effrayer. A dix pieds au-dessous du sol de la mer, on circule, on mange, on boit, on
trafique, on amasse de l'argent, on rit quelquefois, on fume
toujours, sans s'occuper des vagues, qui peuvent engloutir
les trésors et éteindre les pipes. Voilà le monde!...

D'HAUSSEZ, *Voyage d'un exilé.*

LES VILLES DE LA BELGIQUE, DE LA HOLLANDE ET DU NORD
DE LA FRANCE

Rien de mieux tenu et de plus propre que les villes du Nord.
A Douai, les plus pauvres artisans, une fois par an, font blanchir
leur maison, dehors et dedans, et il faut retenir six mois d'a-
vance les vernisseurs. A Anvers, à Gand, à Bruges, surtout dans

Un canal à Amsterdam.

les petites villes, la plupart des façades semblent toujours peintes
à neuf ou rafraîchies d'hier. De tous côtés on lave et l'on balaye.
Quand on arrive en Hollande, le soin redouble et s'exagère.
Dès cinq heures du matin, on voit des servantes lessiver les

troitoirs. Aux environs d'Amsterdam, les villages semblent des décors d'opéra-comique, tant ils sont pimpants et bien époussetés. Il y a des étables de vaches dont le sol est un parquet; on n'y entre qu'avec des pantoufles ou des sabots disposés à l'entrée pour cet usage : une tache de boue ferait scandale, à plus forte raison une ordure..... Défense aux voitures d'entrer dans le village; les trottoirs de briques et de faïence bleuâtre sont plus irréprochables qu'un vestibule chez nous. En automne, des enfants viennent ramasser les feuilles tombées dans les rues, pour les mettre dans un trou. Partout dans les petites chambres, qui semblent des cabines de navire, l'ordre et l'arrangement sont les mêmes que dans un navire. A Broek, dit-on, dans chaque maison est une pièce principale, où l'on n'entre qu'une fois par semaine pour essuyer et frotter les meubles, et qu'on referme exactement aussitôt après : dans un pays aussi humide, une tache devient tout de suite une moisissure malsaine. L'homme, contraint à la propreté méticuleuse, en contracte l'habitude, en éprouve le besoin, et à la fin en subit la tyrannie. Mais vous auriez plaisir à voir, dans la moindre rue d'Amsterdam, la plus humble boutique, ses tonneaux bruns, son comptoir immaculé, ses escabeaux essuyés, chaque chose à sa place, l'étroit espace si bien utilisé, le savant et commode arrangement de tous les ustensiles. Guicciardini déjà remarquait (au sujet des Hollandais) que « leurs maisons et leurs habits sont propres, beaux, bien arrangés, qu'ils ont quantité de meubles, ustensiles, objets domestiques entretenus dans un ordre et un éclat admirables, plus qu'en aucun pays ».

Il faut voir le confortable des appartements; surtout dans les maisons bourgeoises : tapis, toiles cirées pour les parquets, cheminées économiques et chaudes de fer ou de faïence, triples rideaux aux fenêtres, vitres claires aux grands luisants noirs, vases de fleurs roses et de plantes vertes, quantité de brimborions qui indiquent les goûts sédentaires et rendent la vie agréable au logis, miroirs disposés pour réfléchir les passants et l'aspect changeant de la rue. Chaque détail montre un inconvénient auquel on a paré, un besoin qu'on a satisfait, un agrément qu'on s'est ménagé, un soin qu'on a pris : bref, le règne universel de l'activité prévoyante et du bien-être minutieux.

H. TAINE, *Philosophie de l'art dans les Pays-Bas.*

BRUXELLES

Bruxelles est la plus charmante et la plus coquette des villes, après Paris, qu'on me permettra bien de placer en première ligne. Les Prussiens, il est vrai, donnent à Berlin le pas sur Bruxelles et sur Paris, mais les Prussiens ont leurs raisons pour cela. Bruxelles est justement fière de sa grâce toute moderne, de sa propreté, de sa blancheur, de sa gaieté, et aussi de ses derniers vestiges flamands, qui lui donnent en certains endroits le pittoresque et romanesque aspect d'une ville du moyen âge.

Il faut voir la Bruxelles moderne, du haut du boulevard Botanique, par un beau temps, lorsque le soleil étincelle sur ces maisons blanches, çà et là parsemées et égayées de toits rouges. Quant à la vieille Bruxelles, elle est tout entière dans cette superbe place de l'Hôtel de ville, avec ses maisons du xvie siècle, ciselées, fouillées, dorées, leurs toits immenses percés de clochetons gracieux s'élevant par degrés et se découpant sur le ciel. L'Hôtel de ville est un chef-d'œuvre. On montre, sous la voûte du portail d'entrée, — ce merveilleux portail magnifiquement sculpté, — un clou où, dit une légende, l'architecte se serait pendu, en reconnaissant je ne sais quel défaut dans son œuvre.

Chaque année, à partir du 22 septembre, Bruxelles célèbre pendant quatre jours l'anniversaire des combats qui affranchirent la Belgique de la domination des Hollandais. Ces jours-là, le monument des martyrs des journées de septembre est recouvert de draperies noires semées de larmes d'argent, et, à l'église de

Sainte-Gudule, l'évêque célèbre un service solennel en l'honneur de ceux qui sont tombés pour la patrie.

Ce jour-là encore, le Manneken-Piss, ce palladium de la cité brabançonne, est recouvert de ses habits de garde civique, et il a, lui aussi, sa part de triomphe. Ce Manneken-Piss est, on le sait, une fontaine d'étrange nature dont les habitants de Bruxelles ont fait de tout temps un fétiche. Figurez-vous une statuette minuscule, de bronze, perchée dans une niche, et fournissant de l'eau d'une façon plus naturelle que convenable. On ose à peine s'arrêter devant ce monument d'étrange nature, dont les Bruxellois sont fiers comme les Vénitiens du Lion de Saint-Marc. Au temps jadis, paraît-il, Bruxelles était assiégée. Le fils du bourg-mestre disparut un jour de chez son père, et l'on crut qu'il avait été massacré par les ennemis. Mais jugez de la joie des parents et de leur surprise en le trouvant un matin sur les remparts, le visage tourné vers l'ennemi et dans l'attitude de Gulliver étei-gnant l'incendie du palais royal de Lilliput. On cria au prodige ; on éleva une statue au courageux marmot, et le Manneken-Piss devint un des trophées de Bruxelles.

L'Hôtel de ville de Bruxelles est une merveille véritable. Il faut voir sa tour superbe, immense jet de pierre dentelée se décou-pant sur le ciel noir. En face est la *Maison du Roi*, un des der-niers efforts de l'architecture ogivale à son déclin, et que Charles-Quint fit construire. C'est là que furent enfermés les comtes d'Egmont et de Hornes, les « comtes sans tête », tous deux cou-pables d'avoir parlé du *droit des faibles* et résisté à une main de fer.

L'*Allée verte* est célèbre à Bruxelles comme le bois de Bou-logne à Paris. J'ai visité le Parc, ce charmant et verdoyant parc, garni de pelouses qui valent bien celles de Versailles : la verdure des arbres, plus sombre que celle des Tuileries (nous allons vers le nord), répand son ombre de tous côtés.

Sainte-Gudule, la cathédrale de Bruxelles, est un amas superbe de styles divers, depuis le gothique le plus sombre jusqu'au rococo le plus surchargé de rinceaux. On a cru devoir blanchir

l'intérieur de l'église, et ses tons de plâtre refroidissent singulièrement l'effet des vitraux et de ce chœur sombre autour duquel
rayonne un demi-cercle de tombes; la chaire de bois sculpté
est, comme dans presque toutes les églises de Belgique, une
des curiosités de la cathédrale.

Je suis de ceux qui jugent d'une ville par ses musées, et j'ai
fait le voyage d'Anvers pour regarder pendant dix minutes la
merveilleuse *Descente de croix* de Rubens. Le musée de Bruxelles
ne vaut certes pas celui d'Anvers, mais il a bien son prix.

JULES CLARETIE, Voyages d'un Parisien.

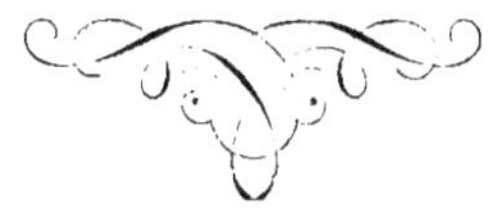

DANEMARK

LES DANOIS

Le climat du Danemark n'est pas nuisible à la santé des habitants. Il se pourrait cependant que l'humidité de l'atmosphère et la quantité de viande et de poisson salé dont se nourrit le Danois contribuassent à rendre son caractère lourd, patient, difficile à émouvoir. Autrefois conquérant insatiable, aujourd'hui brave, mais pacifique; peu entreprenant, mais laborieux et persévérant; modeste et orgueilleux, hospitalier, mais non pas officieux; gai et franc avec ses compatriotes, mais un peu froid et cérémonieux envers les étrangers; aimant ses aises plus que le faste, plus économe qu'industrieux; quelquefois, par vanité ou par paresse, imitateur des autres peuples, observateur judicieux, penseur profond, mais lent et minutieux; doué d'une imagination plus forte que riche; constant, romanesque et jaloux dans ses affections; capable d'un grand enthousiasme, mais rarement de ces saillies d'esprit, de ces finesses qui surprennent le succès ou l'admiration; très-attaché à son sol natal et aux intérêts de sa patrie; accoutumé au calme de la monarchie, mais ennemi de la servitude et du pouvoir arbitraire : tel est le portrait du Danois.

Le Danois est généralement d'une taille moyenne, bien fait, blond, et d'une physionomie douce et agréable.

En Danemark, des vertus privées, des mœurs plus sévères en réalité qu'en apparence, des manières polies plutôt que recherchées, distinguent les classes élevées; dans les basses classes,

l'amour de l'ordre n'est pas une qualité rare, excepté chez le
matelot, qui, par son genre de vie, est porté à prendre la plupart des vices des diverses nations. Le paysan est laborieux;
s'habille avec propreté; il aime à chanter et à danser, et paraît
plus heureux que dans le reste de l'Europe. Il est rare de rencontrer un paysan ou un homme du peuple qui ne sache
pas lire

Si cette nation est peu nombreuse, elle est du moins remarquable par sa grande vitalité, rehaussée encore par l'énergique
impulsion qu'elle reçoit du mouvement de sa capitale, centre
de la vie politique et littéraire, ainsi que de tous les grands
intérêts du pays.

Malte-Brun (Danois), Géographie universelle,
édit. de E. Cortambert.

SUÈDE ET NORVÉGE

DIVISIONS GÉNÉRALES PHYSIQUES DE LA SUÈDE

C'est dans la Suède méridionale, ou la *région du hêtre*, que l'écorce solide se présente dans sa plus grande variété, en ce que toutes les formations de notre pays y sont représentées. Les argiles glaciaires caillouteuses ou marneuses y prédominent, et y provoquent une végétation méridionale et vigoureuse, quoique interrompue dans quelques endroits par des sables mouvants et des marais tourbeux.

Dans la Suède moyenne, ou la *région du chêne*, l'écorce solide se compose de roches cristallines feldspatiques ou calcaires. Les couches meubles y varient aussi beaucoup, car on y trouve des argiles glaciaires plus ou moins marneuses, mais toujours fertiles, alternant avec des collines assez fertiles de cailloux anguleux et des collines très-arides de cailloux roulés, comme, par exemple, en Smaland. On rencontre, en outre, dans certaines localités, comme en Vermland et en Vestrogothie, des roches éruptives nombreuses.

La Suède septentrionale, la *région des conifères, de l'aune blanchâtre et du bouleau*, est presque exclusivement formée de roches cristallines, à l'exception de deux districts relativement insignifiants, savoir : le terrain silurien de la Dalécarlie, au nord du Silian, et celui du Iemtland, autour du Storsiö. Les régions alluviales de la bande côtière présentent une certaine fertilité; mais plus on s'élève vers les régions alpestres, presque entièrement dépourvues d'argile, plus la terre, monotone, cou-

verte de marais, de forêts et de lacs, en combinaison avec l'âpreté
du climat, devient défavorable au développement d'une flore
riche et vigoureuse et à la culture des plantes alimentaires.

N. J. Andersson (Suédois), *Aperçu de la végétation et des plantes
cultivées de la Suède* (en français).

L'HIVER EN SCANDINAVIE

Ceux qui n'ont pas vécu dans les pays du Nord ne savent pas
quelle vie nouvelle leur apporte chaque hiver. Pendant de longues semaines la neige tombe en flocons drus et serrés, ou plutôt elle est si abondante et si compacte, que l'on ne sent vraiment pas si elle tombe. On marche au sein d'un nuage de duvet
froid ; vous êtes enveloppé dans un tourbillon blanc ; à chaque
pas que vous faites, il semble se resserrer autour de vous et vous
enlacer dans des entraves cotonneuses et glacées. Le sol, sous vos
pieds, c'est la neige, toujours la neige. Il n'y a plus au monde
qu'un élément : la neige ! C'est alors vraiment qu'il faut plaindre
le voyageur. L'instinct le conduit bien plus que la raison, il marche au hasard, à demi aveuglé ; ses chevaux, baissant tristement
la tête et ne pouvant plus retrouver la piste accoutumée, vont
comme on les pousse, sans savoir où. Si vous vous arrêtez, si
vous détournez les yeux, si vous vous accordez une distraction
d'un instant, vous ne retrouvez plus votre route incertaine. Vous
êtes perdu ! L'oreille, qui cherche en vain à saisir une vibration
dans l'air muet, s'effraye de ce calme lugubre, image de la mort.
La neige tombe sans bruit et le pas mat s'amortit dans la ouate
molle : seulement de temps en temps un corbeau secoue dans l'espace blanc ses ailes sombres et pesantes, et mesure par un croas-
sement lugubre les intervalles de ce silence plein d'angoisse.

Mais, quand la neige a tombé pendant bien longtemps, quand

la plaine, la montagne et le bois ont reçu leur parure d'hiver, la scène change d'aspect. Une nappe partout égale, immense, s'étend sur la nature uniforme ; les vallées sont remplies, les montagnes abaissées, un seul niveau passe sur le pays tout entier. La Suède n'est plus qu'une vaste plaine, déroulant d'horizon en horizon, pendant cinq cents lieues, des perspectives infinies. Quand vers midi la brume, roulée par un vent léger, s'écarte, quand rien ne trouble la transparence bleue de l'éther, le soleil resplendit avec un incomparable éclat sur la neige immaculée. Il y a je ne sais quelle gaieté légère dans l'air vif et sec, et les rayons qui se brisent sur la surface brillante projettent dans l'atmosphère sereine une lumière éblouissante. La scène change d'aspect quand on entre dans les bois. La tête brune des grands sapins est poudrée à frimas. Leurs bras longs et maigres accrochent la neige au passage, elle reste attachée aux rameaux çà et là, comme les flocons d'une toison déchirée. Les longues aiguilles des pins se recouvrent de cristallisations diamantées et de girandoles de glaçons, étincelantes pierreries des hivers, courant d'un arbre à l'autre, comme les pendentifs d'un lustre constellé, qui reflètent mille feux dans les facettes de ses prismes. Dans les environs de Stockholm, ces grands spectacles prennent un caractère plus étrange encore. La civilisation, dont cette ville élégante est un foyer ardent, se mêle à la nature, et l'homme anime de sa présence et de sa joie la scène magique du paysage.

Louis ÉNAULT, la Norvége.

CHRISTIANIA ET SON VOISINAGE

Christiania, comme Stockholm, comme presque toutes les villes bâties en panorama, devrait n'être vue que de loin. Au bout de huit jours passés dans ses rues désertes, le long de ses bazars dégarnis, on a hâte de quitter cet immense village aux monuments prétentieux, et l'on se prend à en vouloir aux habitants du désenchantement qu'on éprouve : ils ont presque gâté la nature.

Une petite voiture nationale, non suspendue (nommée du nom défiguré de « karriol » et la seule que l'orgueil norvégien consente à raccommoder en cas d'accident), doit contenir votre personne et vos bagages. Le siége, en forme de sabot, repose sur une petite traverse en avant de l'essieu ; le cheval, attelé d'une façon particulière, tire à l'extrémité des brancards ; une forte malle est attachée à l'autre bout sur une planche. Le gamin (skydskarl) qui ramène le cheval de poste s'assied dessus. Entre ces deux points d'appui, le voyageur est mieux suspendu que dans bien des voitures à ressorts, et l'on finit par s'habituer si bien à ce genre de locomotion, qu'on arrive à faire des journées de seize ou dix-huit heures sans excès de fatigue.

On voudrait d'ailleurs voyager autrement qu'on serait obligé forcément d'y renoncer : les distances sont trop longues pour le voyage à pied ; les petits chevaux, habitués à tirer ces légers véhicules, se refusent au poids plus gênant du cavalier. Quant aux voitures civilisées, les routes en feraient bientôt raison.

La route que nous suivons longe la rive droite du fiord de Christiania, dans un pays qui partout ailleurs serait un véritable parc. De grandes prairies semées de bouquets de pins et de frênes descendent jusqu'à la mer ; à droite, des fermes rouges et blanches s'étagent sur la montagne, perdues dans la nappe indéfinie des sapins ; à gauche, se découpent les mille bras du fiord. Chaque crique cache un petit débarcadère de bois avec quelques bateaux à demi chargés. Le ciel est pur comme un ciel du Midi ; de grands églantiers, couverts de fleurs, bordent le chemin et s'accrochent aux rochers. A chaque chaumière, au bruit des chevaux, des marmots, jambes nues, accourent pour vous offrir des fraises. On se croirait sur quelque côte fleurie de la Méditerranée, à deux pas de Nice ou d'Hyères, et l'on est en réalité sous le 61ᵉ degré de latitude.

PAUL RIANT, dans le Tour du monde

LE SPITZBERG

Une flottille d'îles de glaces entourait la corvette et couvrait la mer à perte de vue. Ces glaces du pôle, qu'aucune poussière n'a jamais souillées, aussi immaculées aujourd'hui qu'au premier jour de la création, sont teintes des couleurs les plus vives : on dirait des rochers de pierres précieuses; c'est l'éclat du diamant, ce sont les nuances éblouissantes du saphir et de l'émeraude, confondus dans une substance inconnue et merveilleuse. Ces îles flottantes, sans cesse minées par la mer, changent de forme à chaque instant; par un mouvement brusque, la base devient sommet, une aiguille se transforme en un champignon, une colonne imite une immense table, une tour se change en escalier, tout cela si rapide et si inattendu, qu'on songe malgré soi à quelque volonté surnaturelle présidant à ces transformations subites. Du reste, au premier moment, il me vint à l'esprit que j'avais sous les yeux les débris d'une ville de fées, détruite tout à coup par une puissance supérieure, et condamnée à disparaître, sans même laisser de vestiges. Je voyais se heurter autour de moi des morceaux d'architecture de tous les styles et de tous les temps : clochers, colonnes, minarets, ogives, pyramides, tourelles, coupoles, créneaux, volutes, arcades, frontons, assises colossales, sculptures délicates, comme celles qui courent sur les menus piliers de nos cathédrales, tout était là confondu, mélangé dans un commun désastre. Cet ensemble étrange et merveilleux, la palette ne peut le reproduire, la description ne peut le faire comprendre !

On se représente, n'est-ce pas? ce lieu où tout est froid et inerte, enveloppé d'un silence profond et lugubre. Eh bien, c'est tout le contraire qu'il faut se figurer; rien ne peut rendre le formidable tumulte d'un jour de dégel au Spitzberg.

La mer, hérissée de glaces aiguës, clapote bruyamment; les pics élevés de la côte se détachent et tombent dans le golfe avec

La mer hérissée de glaces aiguës, au Spitzberg.

un fracas épouvantable ; les montagnes craquent et se fendent ;
les vagues se brisent furieuses contre les caps de granit ; les îles
de glaces, en se désorganisant, produisent des petillements semblables à des décharges de mousqueterie ; le vent soulève des
tourbillons de neige avec de rauques mugissements. C'est terrible et magnifique : on croit entendre le chœur des abîmes
du vieux monde préludant à un nouveau chaos.

On n'a jamais rien vu de comparable à ce qu'on voit et à ce
qu'on entend là ; on n'a jamais imaginé quelque chose de pareil,
même en rêve ! Cela tient à la fois du fantastique et du réel ; cela
déconcerte la mémoire, hallucine l'esprit et le remplit d'un indicible sentiment, mélange d'épouvante et d'admiration.

Mme Léonie d'Aunet, Voyage d'une femme au Spitzberg.

RUSSIE D'EUROPE

CAMPAGNES DE LA RUSSIE. — HABITATIONS DES PAYSANS

Les hameaux russes sont tous construits sur un plan si uniforme, que celui qui en a vu un, en a vu des milliers; s'il en a visité deux, il les connaît tous. Peu importe que le spécimen

Maison (isba) du nord de la Russie.

soit grand ou petit, fait de bois ou de terre, caché dans la forêt ou bâti au milieu du steppe, les dispositions et l'aspect des groupes d'habitations qu'on rencontrera ensuite seront toujours

les mêmes. Il n'y a, en réalité, que deux sortes de hameaux,
ceux de la Grande-Russie, dont le type le plus complet se trouve
aux environs de Moscou, et ceux de la Petite-Russie, dont les
modèles sont rassemblés autour de Kiev.

Les premiers se composent de deux rangées de cabanes séparées les unes des autres par une rue large et sale. Chaque demeure est isolée. Faites de troncs de pins qui sont absolument
semblables, taillés de la même façon et liés ensemble de la même
manière, toutes les maisons sont pareilles, sauf pour la grandeur. Quatre murs grossiers, percés de portes et de fenêtres, un
rez-de-chaussée surmonté d'un étage, voilà l'extérieur. Au dedans, le plancher se compose de simples bardeaux de sapin posés
sur le sol vaseux; la mousse croît librement dans les crevasses
des murailles. La peinture est un luxe inconnu, et les troncs qui
forment la façade ne tardent pas à devenir tout noirs par l'action
de la pluie ou de la fumée. L'intervalle qui sépare deux maisons
n'est point fermé par des clôtures, c'est un cloaque fangeux, au
milieu duquel les porcs se vautrent, tandis que, près d'eux, les
chiens querelleurs se battent et aboient.

Près du hameau s'élève une chapelle également bâtie de bois,
mais on y trouve quelques traces de peinture, parfois même
de l'or. Les murailles sont blanches, la toiture est verte; enfin,
si la commune renferme un riche paysan, il montre d'ordinaire
son zèle et son orthodoxie en faisant dorer la croix.

Derrière les cabanes au triste aspect s'étendent les campagnes
d'aspect plus triste encore, que labourent les habitants. Plates,
basses, sans aucunes clôtures, elles n'ont rien de la poésie de
nos plaines de Suffolk ou d'Essex : ni haies de fougères, ni bouquets d'arbres fruitiers, rien qui rappelle le *home*, le doux
foyer domestique. Les endroits mêmes où se cultivent les plantes
potagères sont totalement dépourvus de la physionomie familière
et riante qui leur est habituelle dans notre pays : on les prendrait pour des pénitenciers où le travail est imposé par la force.
L'âme du cultivateur en est absente, et l'on y chercherait vainement ces charmantes superfluités qu'on appelle des fleurs.

Dans la Petite-Russie, c'est-à-dire dans les vieilles provinces
polonaises du sud et de l'ouest, les villages présentent un caractère différent. Au lieu des troncs de sapins noircis, on a devant
les yeux un gai mélange de blanc et de vert; au lieu de blocs
réguliers, monotones, un groupe de cottages ombragés par de
grands arbres. Les cabanes sont faites de terre, la toiture est
de chaume, les murailles sont enduites de chaux; une clôture de

Hameau kirghis.

roseaux et d'épines sert de mur d'enceinte au village. Chaque
maison est fort petite, mais elle est située entre une cour et un
jardin qui lui appartiennent en propre. Il n'y a pas de rues dans
le hameau; deux ouvertures seulement sont pratiquées dans
la haie de clôture, au nord et au midi; lorsqu'on cherche à se
frayer un chemin de l'une à l'autre, il faut traverser un dédale de
ruelles bordées de roseaux, gardées par des chiens à mine peu
rassurante. Tout nouvel habitant peut planter sa tente où il lui

plaît, sans autre souci que de mettre sa demeure sous l'abri de la clôture commune.

Des villages bâtis de la sorte sans aucune espèce de plan, et dans lesquels chaque maison est entourée d'un jardin, couvrent

Maison kalmouke.

nécessairement une étendue de sol considérable ; quelques-uns sont aussi grands que des villes. Tous, cela va sans dire, ont une église, dont la flèche élancée, les couleurs brillantes ajoutent au paysage leur charme poétique.

W. H. Dixon, *La Russie nouvelle*, trad. par Jonveaux.

LE PRINTEMPS DANS LES STEPPES RUSSES. — LES KALMOUKS

Le commencement du printemps dans les steppes russes possède un charme indéfinissable. Au souffle de chaleur, de vie et d'amour qui parcourt l'espace, tout a hâte de naître et de jouir.

En peu de jours, le steppe prend l'aspect d'une immense prairie, où le thym, la tulipe, l'œillet, et une infinité d'autres
fleurs croissent à la grâce de Dieu, avec des parfums et des couleurs qui ne le cèdent en rien à nos fleurs les mieux cultivées.

Si le bonheur est réellement dans la liberté, nul ne peut se
dire plus heureux que le Kalmouk.

Habitué à voir s'étendre devant ses regards un horizon sans
bornes, à ne subir aucune entrave, à planter sa tente où son
caprice le conduit, on conçoit que, hors de sa solitude, il se
trouve emprisonné, étouffé, étreint dans un cercle de fer, et
qu'il aime mieux se donner la mort que de se résigner à vivre
dans l'exil.

Mme HOMMAIRE DE HELL,
Voyage dans les steppes de la mer Caspienne.

ASPECT DE SAINT-PÉTERSBOURG

Pour bien juger de l'ensemble de cette ville, il faut monter sur
la tour de l'Amirauté. De là, en tournant le dos à la Néva, on a
devant soi le panorama le plus complet de toute la partie située
sur la rive gauche de la rivière, et qui est la plus habitée, la
plus animée et la plus riche. De l'hôtel de l'Amirauté partent,
en s'écartant progressivement, les trois principales rues : la perspective Nevski (Nevski-Prospect), la rue aux Pois (Gorochova-
Oulitza), et la rue de la Résurrection (Vosnessenski-Prospect).
Le spectacle est magnifique.

Puis, si l'on considère la partie de la ville qui s'étend au nord,
à l'ouest et à l'est, on est émerveillé du coup d'œil qu'offrent les
diverses îles formées par les bras enchevêtrés de la Néva, et dont
les parties les plus rapprochées sont couvertes de magnifiques
constructions.

Portant ses regards au delà de la grande Néva, on peut jouir

d'un tableau qui ne le cède qu'à celui que présente la scène du
Bosphore. En suivant du regard le large fleuve jusqu'à son embouchure, on aperçoit, aussi loin que la vue peut s'étendre, une
forêt de mâts faisant flotter au soleil les couleurs de toutes les
nations; çà et là les colonnes de fumée des bateaux à vapeur qui
arrivent ou partent, venant de loin, ou des îles, ou s'y rendant;
sur les deux rives, une triple rangée de longues barques appor-
tant hâtivement à Saint-Pétersbourg son immense approvision-
nement de bois pour l'hiver; et, au milieu, donnant au fleuve
une animation extraordinaire, un va-et-vient incessant de petites
embarcations joyeusement montées et rapidement conduites.

LYCKLAMA, *Voyage en Russie, etc.*

COURSES SUR LA GLACE A SAINT-PÉTERSBOURG

Au commencement de l'hiver, on trace sur la glace un chemin
qui conduit de Pétersbourg à Cronstadt; il est indiqué par une
allée de hautes balises. De lieue en lieue, on trouve des guérites
bien chauffées où sont placées des sentinelles qui, dans les temps
brumeux, entretiennent des feux de distance en distance, sonnent des cloches dont le tintement prolongé rassure et guide le
voyageur. Un restaurateur est établi vers le milieu de la route.
Cette innombrable quantité de personnes de tout âge et de tout
sexe, enveloppées dans de vastes pelisses, et glissant avec indiffé-
rence sur une surface fragile qui les sépare de l'abîme, offre à
l'habitant des contrées méridionales un spectacle étrange qui jette
dans son âme un effroi ignoré des peuples du Nord. Mais c'est
surtout lorsque sont commencées les courses en *bouers* que la
rade de Cronstadt présente le tableau le plus animé. Ces *bouers*
sont des canots fixés sur des lames de fer semblables à celles des
patins; une troisième est adaptée sous le gouvernail : des bancs

sont disposés pour les voyageurs autour de cette embarcation, qui a un, deux et même trois mâts. Poussés avec force par le vent qui souffle dans cette saison, et dirigés par un pilote habile, ces canots, que distinguent des agrès variés et des pavillons de différentes couleurs, volent avec une incroyable rapidité ; un soleil pâle laisse tomber sur eux ses rayons sans chaleur ; les voiles se déroulent, l'aquilon souffle, le bâtiment s'élance ; les matelots, par de savantes manœuvres, cherchent à se devancer, et, en moins d'une heure, un espace de dix lieues est franchi. Pierre Ier aimait beaucoup ces courses sur la glace, et sa prévoyance avait su leur donner un but utile : poursuivant sans relâche le dessein qu'avait formé son génie de créer des marins, et craignant que, dans l'inaction d'un long hiver, les hommes qu'il avait initiés aux secrets de la manœuvre des vaisseaux ne perdissent le fruit de ses leçons, il les exerçait ainsi, et, sur un océan solide, les armait de cette expérience qu'ils déployaient ensuite sur une mer orageuse.

ANcelot, Six mois en Russie.

ASPECT DE MOSCOU

Comme effet général, comme impression, la vue de Moscou est bien supérieure à celle de Saint-Pétersbourg.

De quelque côté qu'on promène le regard, on n'aperçoit qu'un immense amas de constructions de toutes formes et de toutes grandeurs, aux toits presque tous peints en vert ; çà et là disséminés, les nombreux couvents et les quatre cents églises aux mille coupoles, vertes, bleues, dorées, étoilées, surmontées d'une forêt de croix qui brillent au soleil ; et, remplissant les vides, une mer de verdure qui fait ressortir tous ces édifices. A mes pieds, j'avais le Kremlin, avec ses églises, ses palais, ses flèches, ses dômes,

Vue de Moscou.

réunion de toutes les couleurs les plus vives, mêlées avec l'or et l'argent. Tel est l'aspect de Moscou, cette cité dont on dit avec raison qu'elle est plutôt une province qu'une ville; véritable kaléidoscope pour qui la considère du haut de la grande tour d'Ivan, ou, mieux encore, de la montagne des Moineaux, située en dehors des murs.

LYCKLAMA, Voyage en Russie, etc.

AUTRICHE-HONGRIE

LE DANUBE

Il me serait difficile d'exprimer l'impression que me fit la navigation du Danube, depuis Pesth jusqu'à Galatz ; sans contredit, c'est une des plus grandes de ma vie de voyages.

En voyant ce magnifique fleuve se tracer une route à travers les interminables forêts du Banat, il me semble voyager sur un fleuve américain, parcourant des solitudes non encore explorées. Sa nappe, rendue plus immense par de récentes inondations, prit, dans le voisinage de Belgrade, des aspects tout à fait maritimes. La situation de cette ville, à l'extrémité d'un cap, est d'une rare beauté. Elle semble regarder et menacer Semlin, qui montre ses minarets et sa forteresse de l'autre côté du fleuve.

Plus tard, on entre dans ce fameux défilé des Portes-de-Fer qui donne à la navigation du Danube un caractère unique en Europe. Pendant deux jours, nous fûmes emprisonnés dans des murailles perpendiculaires de rochers d'une hauteur prodigieuse, formant des zigzags qui varient à chaque instant la perspective. On voit de grands aigles aller d'une rive à l'autre, des ouvertures de grottes souterraines, des ruines de forteresses, qui s'allient admirablement avec l'aspect sinistre du fleuve. La partie la plus sauvage et la plus pittoresque du défilé est en même temps la plus dangereuse, car le lit du fleuve est hérissé de rochers qui rendent la navigation très-difficile. Un de ces rochers s'élève comme une tour du fond des eaux, et semble de loin barrer le passage au nautonier. Une ruine romaine couronne, à peu de distance, le sommet d'une montagne isolée, complétant la sombre poésie

Récifs du Danube aux Portes-de-Fer.

dont l'endroit est empreint. On me montra, toujours dans cette
partie du défilé, une grande table de marbre enchâssée dans le
rocher, où sont sculptés plusieurs personnages vêtus à la romaine.
Au-dessous, un sentier creusé dans le roc est presque de niveau
avec le fleuve. On l'attribue à Trajan, dont le souvenir se retrouve
partout dans l'ancienne Dacie.

A la sortie du défilé, le bateau s'arrête quelques heures à
Orsova, dont la situation ravissante rappelle les sites les plus charmants de la Suisse. Le Danube y fait une courbe qui lui donne
l'apparence d'un lac entouré de montagnes de tous côtés.

Remontés à bord, nous nous enfonçâmes dans ces belles montagnes dont les ombres se projetaient sur le fleuve. Ce n'étaient
plus, comme précédemment, de hautes falaises à pic sans un brin
d'herbe; leurs croupes arrondies se recouvraient au contraire
de bois épais.

Mme Hommaire de Hell, A travers le monde.

LES DEUX GRANDES PLAINES DE LA HONGRIE

La plaine supérieure, garantie par la petite chaîne boisée des
monts Bakony contre les chaleurs excessives, jouit d'une température heureuse, et ses coteaux, parsemés de vignobles, sont
un pays de santé comme de plaisirs. Cependant les grandes îles
du Danube, entre Presbourg et Komorn, ainsi que les vastes
marais de Hansag et de Neusiedl, se couvrent de brouillards
nuisibles au blé.

La plaine inférieure, ou la Hongrie centrale et basse, présente
des caractères climatériques tout à fait différents : chaleur brûlante dans le jour, froid humide pendant la nuit, exhalaisons des
terrains nitreux, exhalaisons d'eaux couvertes de plantes, brouillards comme sur un vaste lac, telles sont les qualités domi-
nantes de ce climat. La neige y est à peu près inconnue.

L'insalubrité de ces régions basses tient à des causes trop puissantes pour qu'elle soit facilement diminuée. Des eaux stagnantes y exhalent, pendant les fortes chaleurs de l'été, les vapeurs les plus méphitiques et les plus nuisibles à la santé. Les épizooties et les maladies endémiques y sont fréquentes. Les eaux salées et nitratées, dans plusieurs comitats, infectent tellement toutes les sources, qu'on ne peut obtenir qu'à force de filtrations une eau tant soit peu propre aux besoins domestiques.

MALTE-BRUN, *Géographie universelle,* édit. de E. Cortambert.

VIENNE

Vienne est double. La population, étouffant dans le corset de pierre de ses fortifications, a sauté depuis longtemps par-dessus et a formé autour des glacis trente-cinq faubourgs.

Il y a donc deux villes de Vienne : la nouvelle, qui est la véritable, est de beaucoup la plus grande et la plus peuplée; l'ancienne, qui ne renferme qu'environ douze cents maisons et moins du huitième de la population. Contrairement à ce qui a lieu dans les autres capitales, la vieille ville est restée la résidence de l'aristocratie ; mais, l'espace lui manquant, les maisons ont été forcées de s'accroître perpendiculairement, au lieu de gagner en largeur. Aussi sont-elles très-hautes, et, comme on les a très-solidement construites, beaucoup ont l'aspect monumental.

Le grand commerce s'est également cantonné là, autant qu'il l'a pu, pour mettre ses produits à côté des gros consommateurs et sa caisse à l'abri des remparts. Il résulte de cet entassement d'hommes et de choses, et de cette concurrence, que les loyers sont fort chers. Le terrain est si cher à Vienne, qu'on n'en a point laissé pour les rues, et, sans les nombreux passages percés au travers des maisons, les indigènes eux-mêmes ne s'en tireraient

pas. Qu'est-ce pour les étrangers, qui ne les connaissent point et
s'y perdraient! Ajoutez encore que ces rues étroites n'ont pas
de trottoirs et que les voitures sont nombreuses et rapides.

Le Graben à Vienne.

Mais quelle affluence, quel mouvement, quel luxe! Les magasins resplendissent, les uniformes brillent, la soie, les diamants ruissellent. Que de maisons blasonnées, que de suisses
galonnés!

VICTOR DURUY, *Causeries de voyage.*

TRIESTE

La position mélancolique de Trieste a quelque chose de triste, qui serrerait le cœur, si l'imagination n'était distraite par la magnificence des plus belles constructions, par la richesse des plus riantes cultures. C'était le revers d'un rocher aride embrassé par la nue ; mais les efforts de l'homme y ont fait naître les dons les plus précieux de la nature. Pressé entre la mer immense et des hauteurs inaccessibles, il offrait l'image d'une prison ; l'art, vainqueur du sol, en a fait un séjour délicieux.

Ses bâtiments, qui s'étendent en amphithéâtre depuis le port jusqu'au tiers de l'élévation de la montagne, et au delà desquels se développent, de degré en degré, des vergers d'une grâce inexprimable, des châtaigniers, des buissons de figuiers, de grenadiers, de myrtes, des jasmins qui embaument l'air, et au-dessus de tout cela la cime austère des Alpes illyriennes, rappellent, au voyageur qui traverse le golfe, l'ingénieuse invention du chapiteau corinthien : c'est une corbeille de bouquets, frais comme le printemps, qui repose sous un rocher. Dans cette solitude ravissante, mais bornée, on n'a rien négligé pour multiplier les sensations agréables. La nature a donné à Trieste une petite forêt de chênes verts, qui est devenue un lieu de délices ; on l'appelle, dans le langage du pays, le *Farnedo*, ou le Bosquet. Jamais ces divinités champêtres dont les heureux rivages de l'Adriatique sont la terre favorite, n'ont prodigué dans un espace de peu d'étendue plus de beautés faites pour séduire.

L'habitant de Trieste, occupé de ses spéculations lointaines, a besoin d'un point de vue vaste et indéfini comme l'espérance. Debout sur l'extrémité du cap, et la lunette fixée sur l'horizon, son plaisir est de chercher une voile lointaine.

Ch. Nodier, Fragments.

LES TYROLIENS

Beaucoup de Tyroliens n'ont pour toute fortune que quelques coins de terre où ils sèment du lin, du maïs, et où ils font pâturer une ou deux vaches. Le maïs et le lait composent leur nourriture habituelle. Ils ne mangent de la viande que rarement, et ne boivent du vin que dans les grandes circonstances. Cependant ils ont tous l'air satisfait et heureux. Ils cultivent eux-mêmes leur petit domaine, n'ont à compter avec aucun maître et reposent en paix sous le toit qui leur appartient. Hommes et femmes, chacun travaille dans les grands jours d'été comme dans les tempêtes de l'hiver. Le paysan tyrolien a, comme celui de Suisse et de Norvége, comme l'habitant des montagnes de la Franche-Comté, une sorte d'adresse innée pour les œuvres de mécanique. Lui-même fabrique ses meubles, ses ustensiles de ménage et d'agriculture. S'il faut façonner une roue de voiture, tailler une aile de moulin, faire une table ou une armoire, il n'a pas besoin de recourir au charron ni au menuisier. Il a tous les outils nécessaires pour entreprendre ce travail, et au besoin il les forgerait lui-même. L'hiver, pendant que sa femme file et tisse le lin, il se crée une nouvelle ressource par son patient et ingénieux labeur. Souvent son instinct le conduit, d'une ébauche de menuiserie, jusqu'à des œuvres de sculpture d'un goût exquis. Il y a dans le Tyrol de simples paysans qui n'ont jamais reçu une leçon de dessin et qui sont devenus de véritables artistes.

X. MARMIER, *Du Rhin au Nil.*

ALLEMAGNE

ASPECT DE L'ALLEMAGNE

La multitude et l'étendue des forêts indiquent une civilisation encore nouvelle : le vieux sol du midi (de l'Europe) ne conserve presque plus d'arbres, et le soleil tombe à plomb sur la terre dépouillée par les hommes. L'Allemagne offre encore quelques traces d'une nature non habitée. Depuis les Alpes jusqu'à la mer, entre le Rhin et le Danube, vous voyez un pays couvert de chênes et de sapins, traversé par des fleuves d'une imposante beauté, et coupé par des montagnes dont l'aspect est très-pittoresque; mais de vastes bruyères, des sables, un climat sévère, remplissent d'abord l'âme de tristesse, et ce n'est qu'à la longue qu'on découvre ce qui peut attacher à ce séjour.

Les débris des châteaux forts, qu'on aperçoit sur le haut des montagnes, les maisons bâties de terre, les fenêtres étroites, les neiges qui, pendant l'hiver, couvrent des plaines à perte de vue, causent une impression pénible. Je ne sais quoi de silencieux dans la nature et dans les hommes resserre d'abord le cœur. Il semble que le temps marche là plus lentement qu'ailleurs, que la végétation ne se presse pas plus dans le sol que les idées dans la tête des hommes, et que les sillons réguliers du laboureur y sont tracés sur une terre pesante.

Néanmoins, quand on a surmonté ces sensations irréfléchies, le pays et les habitants offrent à l'observation quelque chose d'intéressant et de poétique. Vous sentez que des âmes et des imaginations douces ont embelli ces campagnes. Les grands chemins sont plantés d'arbres fruitiers pour rafraîchir le voyagcur. Les paysages dont le Rhin est entouré sont superbes presque partout: on dirait que ce fleuve est le génie tutélaire de l'Allemagne; ses flots sont purs, rapides et majestueux comme la vie d'un ancien héros. Le Danube se divise en plusieurs branches. Les ondes de l'Elbe et de la Sprée se troublent facilement par l'orage; le Rhin seul est presque inaltérable. Les contrées qu'il traverse paraissent tout à la fois si sérieuses et si variées, si fertiles et si solitaires, qu'on serait tenté de croire que c'est lui-même qui les a cultivées, et que les hommes d'à présent n'y sont pour rien. Ce fleuve raconte, en passant, les hauts faits des temps jadis, et l'ombre d'Arminius semble errer encore sur ces rivages escarpés.

Les monuments gothiques sont les seuls remarquables en Allemagne; ces monuments rappellent les siècles de la chevalerie. Dans presque toutes les villes, les musées publics conservent des restes de ce temps-là. L'architecture moderne, en Allemagne, n'offre rien qui mérite d'être cité; mais les villes sont en général bien bâties, et les propriétaires les embellissent avec une sorte de soin plein de bonhomie. Les maisons, dans plusieurs villes, sont peintes en dehors de diverses couleurs. On y voit des figures de saints, des ornements de tout genre, dont le goût n'est assurément pas parfait, mais qui varient l'aspect des habitations, et semblent indiquer un désir bienveillant de plaire à ses concitoyens et aux étrangers. L'éclat et la splendeur d'un palais servent à l'amour-propre de celui qui le possède; mais la décoration soignée, la parure et la bonne intention des petites demeures ont quelque chose d'hospitalier.

Mme DE STAEL, De l'Allemagne.

LE RHIN

Le Rhin (en allemand, *Rhein*) est un fleuve plus allemand
que le Danube, quoique sa source et sa fin n'appartiennent pas
à l'Allemagne. Ce beau fleuve naît dans le canton des Grisons. Il
forme le lac de Constance, puis rencontre, un peu au-dessous
de Schaffhouse, un chaînon inférieur des Alpes, qu'il ne réussit
à franchir qu'en formant la célèbre chute tant de fois admirée, et
qui n'a pourtant que 25 mètres de haut. Le Rhin, à Laufen,
après sa chute, est à 380 mètres d'altitude, et, en arrivant à Bâle,
il n'a plus que 238 mètres. Cette partie de son cours, d'une rapidité extrême, est interrompue par une chute, près de Laufen-
bourg, et par le tournant dangereux de Rheinfelden. Le fleuve
s'accroît ici par sa réunion avec l'Aar, qui lui amène presque
toutes les eaux des rivières et des lacs de la Suisse. Arrivé à Bâle,
le Rhin tourne au nord et parcourt la belle et riche vallée où
sont situés l'Alsace, une grande partie du territoire badois,
l'ancien Palatinat et Mayence : c'est son deuxième bassin. Son
cours y est très-impétueux jusqu'à Kehl; mais, roulant dans un
large lit parsemé d'îles boisées et riantes, il prend tout à fait
le caractère d'un grand fleuve : il se couvre de bâtiments et de
radeaux, continuant néanmoins, en beaucoup d'endroits, à miner
ses bords et à changer ses rivages. A Mayence, il atteint une
largeur de plus de 700 mètres, et, bordé, à quelque distance, de
superbes montagnes chargées de vignobles, il présente un panorama d'une grande beauté. Il reçoit, dans cette partie de son
cours, le Neckar et le Main, qui, en serpentant par de longs
détours, lui amène les eaux de l'ancienne Franconie.

Depuis Bingen jusqu'au-dessus de Coblentz, les montagnes
resserrent le cours du Rhin; quelques rochers y forment même
des bancs et des îlots. Dans ce passage pittoresque à travers la
dernière barrière de montagnes, au pied de tant de vieux châteaux suspendus sur des rochers sourcilleux, le Rhin reçoit la

Nahe, la Lahn, enfoncée parmi les montagnes, et la Moselle,
grossie de la Sarre, et semblable à un canal que l'industrie
aurait conduit exprès autour des prairies et des vignobles. Après
le confluent de la Moselle, le Rhin roule désormais sa vaste
nappe d'eau à travers une contrée ouverte et plane; il reçoit
encore, sur le sol allemand, la Ruhr et la Lippe. Arrivé dans les
Pays-Bas, il se divise en plusieurs bras pour se jeter dans la mer
du Nord, soit directement, soit mêlé à la Meuse.

MALTE-BRUN, *Géographie universelle*, édit. de E. Cortambert.

RACE ALLEMANDE

..... C'est une race puissante qui se révèle à nous. Irons-nous
jusqu'à dire avec Hegel que c'est une grande nation? Je ne puis
m'y résoudre. Il me paraît que quelque chose lui manque pour
cela. Il y faudrait joindre ce que Mme de Staël louait si fort dans
cette race avec un à-propos contestable : l'instinct de la justice,
la conscience du droit.....

La force! oui, sans doute, c'est un élément de la grandeur
d'un peuple. L'intelligence en est un autre; mais toute seule
avec la force, elle ne suffit pas encore : elle multiplie la force
à l'infini, elle n'en change pas l'essence, elle n'y ajoute rien
dans l'ordre moral. C'est le sentiment du juste, c'est le respect
du droit qui seul consacre le caractère d'un peuple, et met
le dernier trait à sa grandeur.

E. CARO, *les Jours d'épreuve.*

BERLIN

Autant les environs de Potsdam sont agréables et pittoresques, autant la position de Berlin offre de monotonie. Elle est située au milieu d'une plaine sablonneuse : mais on est grandement dédommagé de l'ennui qu'inspirent ses environs, lorsqu'on est arrivé dans son enceinte. C'est sans contredit la ville la mieux bâtie

Vue de Berlin.

de l'Allemagne : l'ensemble en est imposant, les rues sont larges et bien alignées ; tout rappelle dans cette capitale de la Prusse le génie de Frédéric II, qui employa des sommes considérables à son embellissement. Cette ville est traversée par la Sprée, qui va se jeter à quelques lieues de là dans le Havel.

La plupart des rues sont larges, trop larges pour paraître
animées; tirées au cordeau, elles se coupent à angles droits.
Quelques-unes la traversent dans toute sa longueur. La Frie-
drichstrasse, par exemple, a plus d'un demi-mille allemand.
Malheureusement, ces belles rues sont bordées de trottoirs trop
étroits, le long desquels coule ou plutôt croupit un ruisseau
profond, d'où, pendant les chaleurs de l'été, s'exhalent des odeurs
aussi insalubres que désagréables.

Du reste, la majeure partie des plus beaux édifices et des principales curiosités se trouvent groupés dans un petit espace de
l'ouest de la ville, entre le palais royal et la porte de Brandebourg.
On embrasse, pour ainsi dire, d'un seul coup d'œil le palais, le
musée, le corps de garde, l'Opéra, l'arsenal, l'Université, la statue
de Frédéric le Grand, l'Académie des arts, le palais du Prince de
Prusse. La belle promenade appelée « sous les Tilleuls » (*Unter den
Linden*), qui a une longueur de 1600 pas, commence à la place
de l'Opéra et finit à celle de Paris. Bordée, de chaque côté, des
plus belles maisons, elle forme une rue magnifique, qui offre cinq
chemins différents, c'est-à-dire deux pour les voitures tout près
des deux rangs des maisons, deux pour les cavaliers, et, au milieu, une promenade fort large pour les piétons. Elle est ornée,
dans toute sa longueur, de quatre rangs d'arbres, dont la plupart
sont des tilleuls. C'est la rue la plus agréable et la plus fréquentée
de Berlin, La belle porte de Brandebourg la termine...

Au commencement du xiiie siècle, il n'y avait pas même un
village sur l'emplacement que cette capitale occupe. Ce fut sous
le margrave de Brandebourg, Albert II, vers 1220, que s'éleva,
dans une île formée par deux bras de la Sprée, le premier groupe
de maisons qui reçut le nom de Berlin. Grossi peu à peu par la
navigation et le commerce, devenu bourgade, puis petite ville,
cet endroit ne comptait encore que 6000 habitants, lorsque, en
1651, Frédéric-Guillaume, appelé le Grand-Électeur, y fixa sa
résidence, et jeta les fondements du Palais Vieux. Supplantant
Kœnigsberg déshéritée, Berlin devint bientôt une capitale, principalement sous le successeur de Frédéric-Guillaume, qui, d'abord

Frédéric III comme électeur de Brandebourg, devint Frédéric Ier comme roi de Prusse[1].

Malte-Brun, Géographie universelle, édit. de E. Cortambert.

1. La superficie actuelle est de 5919 hectares, dont 177 occupés par la Sprée. Son diamètre, du sud-ouest au nord-est, est de 9[kil],265 mètres, et de l'est à l'ouest, de 10056; son périmètre, de 47 kilomètres. On comptait à Berlin, en 1712, 65300 habitants, y compris une garnison de 11945 hommes; en 1812, 162971 habitants, dont 9901 militaires; en 1873, 909580, non compris la garnison; au 1er décembre 1875, 996755 habitants, y compris 20000 militaires et une population flottante d'environ 12000 âmes. Berlin est une des villes d'Europe dans la mortalité desquelles les maladies infectieuses jouent le plus grand rôle. Le typhus y est à l'état permanent; il commence habituellement en août pour finir en octobre.

Un très-grand nombre de maisons n'ont ni conduites pour les eaux, ni water-closets. Les logements en sous-sol sont très-nombreux, et, bien que la mortalité extraordinaire de leurs locataires puisse s'expliquer, à la rigueur, par ce fait qu'ils appartiennent le plus souvent aux classes les moins aisées de la population, cependant il est permis de croire que les chambres où l'air et la lumière ne pénètrent que difficilement doivent, à la longue, exercer une influence fâcheuse sur la santé de leurs habitants.

On ne croira que difficilement que Berlin n'a pas d'abattoirs publics. Une enquête faite en 1872 a conduit à constater l'existence, dans la ville, de 780 tueries privées. L'eau n'est distribuée ni en quantité ni en qualité suffisantes. La ville est alimentée en grande partie avec les eaux de la Sprée, dont un poëte a dit qu'elle entre blanche comme un cygne dans la ville et qu'elle en sort sale comme une truie. Elle reçoit en effet les eaux pluviales et ménagères des maisons.

Mais ce qui est beaucoup plus grave et presque incroyable, Berlin n'a pas d'égouts, à moins qu'on ne considère comme tels les petits ruisseaux à ciel ouvert contigus aux maisons et dans lesquels elles déversent leurs eaux pluviales et ménagères. La ville étant en plaine, ces égouts ont peu ou point d'écoulement, et ce n'est que par des chasses d'eau vive très-fréquentes qu'on parvient à les désinfecter.

A. L., Études statistiques sur les grandes capitales de l'Europe,
dans la Revue de France.

LES FOIRES DE LEIPZIG

Quinze jours avant l'ouverture des foires, surtout avant celles
de Pâques et de la Saint-Michel, il se produit dans la ville une
grande animation. Tout le monde émigre, mais sans quitter Leip-
zig. Dans les quartiers commerçants, on voit les bourgeois vider
leurs appartements pour céder la place aux étrangers, qui payent
en conséquence ; ils ne réservent pour eux et leur famille qu'une
ou deux chambres retirées. Le plus petit local est alors utilisé.
Les tribunaux chôment ; les cours de l'Université sont suspendus ;
les étudiants s'en vont en vacances, abandonnant, conformément
à une clause de la location, leurs chambres, qui sont aussitôt
occupées. Pendant les derniers jours, les marchandises arrivent
en masse : la place de la Balance, entre la rue de la Halle et celle
des Tanneurs, est trop petite pour les voitures et les chariots qui
s'y pressent. La corporation des débardeurs est à son poste. Toutes
les rues avoisinantes sont encombrées ; c'est par là que débouchent les marchandises arrivant par les convois de Magdebourg
et de Dresde. Du côté opposé, c'est un embarras semblable, un
bruit non moins assourdissant. Le chemin de fer saxo-bavarois
verse par cette ligne les cuirs et les draps, et pendant plusieurs
jours la rue des Chevaliers est sillonnée de charrettes transpor-
tant les cuirs forts et autres provenances du Rhin.

Les marchands et négociants arrivent. Les petits boutiquiers
de la ville abandonnent leurs comptoirs, où s'établissent les nouveaux venus. Les planches qui vont servir à dresser les boutiques
en plein vent sont tirées des hangars. Une ville de bois s'établit
au milieu de la ville de pierre. Six cents boutiques de ce genre
garnissent la place du Marché, où toutes les maisons, jusqu'au
premier et au second étage, sont converties en magasins.

Guillaume Depping, dans l'Illustration.

FRANCFORT-SUR-LE-MAIN. — LA RUE DES JUIFS

Un des coins les plus pittoresques de Francfort-sur-le-Main,
c'est cette vieille rue des Juifs, — la *Judengasse*, comme on l'appelle, — avec ses maisons du moyen âge, avec ses poutres encas-
trées dans des torchis poudreux, ses judas et ses grilles, ses toits

La rue des Juifs, à Francfort.

recouverts d'écailles comme une carapace ; sa teinte brune, son
aspect sordide et curieux, fait pour tenter et pour navrer un peintre. Le Ghetto de Rome, où sont parqués les Juifs, n'a pas une cou-
ture plus sombre. Des haillons pendent aux fenêtres, des objets

bizarres sont étalés aux devantures des boutiques, sous les au-
vents projetant leurs ombres aux deux côtés de la rue. Parfois,
entr'ouvrant un des battants des petites fenêtres qui s'ouvrent
sur les toits noirs et sinistres comme des yeux chassieux, une
main apparaît, puis une figure curieuse à l'air presque farouche
jette un regard furtif sur les passants. C'est quelque vieux Juif
à longue barbe pointue, quelque vieille le front ceint d'un bandeau traditionnel, quelque belle fille aux grands yeux de velours,
des yeux de femme d'Orient et de gazelle.

Ce regard rapide une fois jeté sur la rue, la fenêtre aux vitres
verdâtres se referme brusquement. On voudrait pénétrer dans
ces logis bizarres, franchir ces escaliers à rampes de bois, obs-
curs et inquiétants, qu'on aperçoit par les portes entr'ouvertes,
aller et venir dans ces chambres qu'on se figure encombrées
d'objets disparates, de tapis et d'orfévreries, comme le grenier
de Rembrandt; — de cornues et d'animaux fantastiques, comme
le laboratoire du docteur Faust. Mais tout est clos, tout est ca-
denassé, et les Juifs vivent ici chez eux, *at home*, sévèrement
groupés au coin du feu et sous la lampe à sept branches.

Parfois on voit sortir quelqu'un d'une de ces maisons de la
Judengasse. Enveloppé de la longue houppelande fourrée qui est
comme l'uniforme du Juif allemand, la barbe longue, le chapeau
derrière la tête, les mains serrées dans de larges poches, il se
glisse le long des maisons et va trottant vers le *Zeil*, cette rue de
la Paix de Francfort. On suit avec curiosité ces personnages bizarres, mais fils de l'Orient, Abrahams vivants, Jacobs demeurés
Hébreux de pied en cap, et dont les filles font involontairement
songer aux Rébecca et aux Rachel bibliques.

C'est là, dans cette bizarre et noire rue des Juifs, que se trouve
encore le berceau de la famille de Rothschild. Elle porte le
n° 153 et se trouve placée à droite en entrant dans la Judengasse, du côté du Zeil. Dans cette vieille demeure, plus noire
peut-être encore que les autres, vécut et mourut la mère de tous
les Rothschild. Mme de Rothschild, l'aïeule, devenue millionnaire,
ne voulut jamais quitter le logis où étaient nés ses fils, et, fidèle

à sa sombre Judengasse, tout près de la synagogue aujourd'hui
démolie, elle demeura là jusqu'en 1849, année où elle rendit le
dernier soupir.

JULES CLARETIE, *les Voyages d'un Parisien.*

MUNICH

Il y a des villes nécessaires, comme Londres, Paris et Rome,
comme Lisbonne, Amsterdam et New-York. C'est la géographie et
l'histoire qui les ont faites. On n'aurait pu les mettre ailleurs, et
elles tirent toute leur force d'elles-mêmes; mais d'autres sont
des créations artificielles, nées d'un caprice ou d'un concours
fortuit de circonstances; elles n'ont d'autre raison d'être que de
se trouver là où elles sont. Ainsi rien n'appelait une grande ville
à la place où Munich s'est élevée, au milieu d'une maigre plaine
qui ne suffit pas à la nourrir, au bord d'une rivière torrentueuse
où l'on ne peut faire flotter un bateau. Mais il en est de l'organisme social comme de l'organisme humain, le sang afflue où
on le provoque à venir. Ces villes *forcées*, ainsi que disent les
agriculteurs d'une plante qui vient hors de sa saison, finissent
par croître et s'étendre. Seulement, à la maigreur des rameaux,
à la pauvreté du feuillage, on voit bien que ces arbres étiolés
ne tirent pas du sol qui les porte la séve vigoureuse qui fait les
grands chênes.

Munich est une ville doublement artificielle. Ses ducs en ont
fait, malgré sa situation, une capitale, et son roi Louis en a voulu
faire une Athènes allemande, quoique les Phidias et les Raphaël
n'y courussent pas les rues.

VICTOR DURUY, *Causeries de voyage*

SUISSE

LES MONTAGNES DE LA SUISSE

Tantôt d'immenses rochers pendaient en ruines au-dessus
de ma tête ; tantôt de hautes et bruyantes cascades m'inondaient
de leurs épais brouillards ; tantôt un torrent éternel ouvrait
à mes côtés un abîme dont les yeux n'osaient sonder la profondeur. Quelquefois je me perdais dans l'obscurité d'un bois
touffu ; quelquefois, en sortant d'un gouffre, une agréable prairie
réjouissait tout à coup mes regards. Un mélange étonnant de la
nature sauvage et de la nature cultivée montrait partout la main
des hommes, où l'on eût cru qu'ils n'avaient jamais pénétré. A
côté d'une caverne, on trouvait des maisons ; on voyait des pam-
pres où l'on n'eût cherché que des ronces ; des vignes dans les
terres éboulées ; d'excellents fruits sur des rochers, et des champs
dans des précipices.

Ce n'est pas seulement le travail des hommes qui rend ces
pays étrangers si bizarrement contrastés ; la nature semble encore
prendre plaisir à s'y mettre en opposition avec elle-même, tant
on la trouve différente en un même lieu sous divers aspects ! Au
levant, les fleurs du printemps ; au midi, les fruits de l'automne ;
au nord, les glaces de l'hiver. Elle réunit toutes les saisons dans
le même instant, tous les climats dans le même lieu, des terrains
contraires sur le même sol, et forme l'accord, inconnu partout
ailleurs, des productions des plaines et de celles des Alpes.

Jean-Jacques Rousseau, la Nouvelle Héloïse.

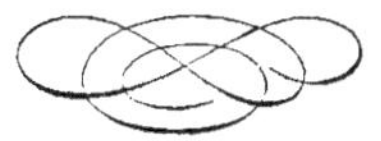

LE SAINT-GOTHARD

Devant nous, des vapeurs s'élèvent des aiguilles et des glaciers, vapeurs qui grossissent le disque du soleil et le font ressembler à une boule de feu. La lumière passe en longues traînées à travers cette brume, qui s'épaissit toujours, et, au-dessus de ces traînées lumineuses, les nuages blancs affectent la forme de courbes et de couronnes. Bientôt les couleurs se fondent et prennent une teinte plus foncée. Il y a un moment, nous ne voyions qu'ambre, que rose et que bleu ; tandis que nous parlons, l'ambre se change en or, le rose en cramoisi, le bleu devient pourpre, brun et noir. Au loin, dans l'Oberland bernois, deux pyramides de terre, le Schreckhorn et le Finsternarhorn, séparent ces vagues lumineuses qui vont toujours s'élargissant, ce sont là deux cônes sombres et puissants qui dominent les guirlandes de nuages les plus élevées.

A notre droite, le glacier du Rhône, formidable talus de glace que, çà et là, des débris de toutes sortes rendent rugueux ou que des tourbillons de poussière obscurcissent. Ce glacier resplendissant est si près, que nous pouvons en regarder les crevasses et observer le jeu de la lumière verte et rose à l'intérieur. En bas, la chaleur de la journée a aplani et arrondi la surface du glacier ; à notre niveau, le froid de la nuit l'a dentelé et crevassé. A notre gauche s'étend un ravin, un sombre ravin, puis des pics et des murailles de granit, qui retiennent l'été sur les lacs italiens. Au-dessous de ces masses, dans la rainure, les eaux du Rhône, tantôt disparaissant parmi les rochers, tantôt s'épanchant au milieu des arbres et des champs, puis coulant au milieu de longues prairies vertes, émaillées de toits et de clochers, douces marques de vie et de foyer dans le sombre désert d'une nuit alpestre. Au nord et à l'ouest, au-dessus du Grimsel, s'étendent des crêtes et des abîmes qui ne connaissent ni printemps, ni automne ; un empire toujours glacé ou toujours en feu, où les

Le pont du Diable, site du Saint-Gothard.

chaînes s'empilent sur les chaînes et les pics sur les pics; plein
de coupoles et de cascades de glace, de champs et de tourbillons
de neige, d'aiguilles de rochers trop aiguës pour que le léger
brouillard ou la pluie torrentielle s'y reposent. Au delà du
Grimsel s'étendent le glacier de Gauli, le petit et le grand glacier
de Grindelwald, le glacier de Kander, les deux glaciers de l'Aar,
le glacier de Lökschen, le glacier de Münster et les glaciers
d'Aletsch, suspendus aux côtés des Alpes secondaires, et baignant leurs pieds de leurs larmes incessantes. Bien haut, au-
dessus de ces mers de glace, se déroulent de vastes champs de
neige granuleuse, trop hauts pour que le soleil puisse les fondre;
plus haut encore, au-dessus de ces espaces blancs, les bosses et
les dents de la Jungfrau, du Wetterhorn et du Mönch, avec ces
deux pyramides jumelles de terre, le Schreckhorn et le Finster-
aarhorn, qui divisent les traînées éblouissantes de lumière,
comme si c'étaient deux rois-montagnes, armés de toutes pièces
pour défendre leurs fiancées et leurs captives contre les entreprises d'un soleil hardi et entreprenant.

Et cependant, plus noble encore que ces masses glacées, parce
qu'il est plus utile, s'élève le groupe de hauteurs sur lequel nous
nous trouvons : c'est la couronne du Saint-Gothard, la chaîne
centrale de l'Europe, où viennent se réunir toutes ses vallées, où
prennent leurs sources tous ses fleuves, pour de là couler vers
l'orient et vers l'occident; la chaîne que traversent Francs et
Teutons pour passer en Lombardie, qu'escaladent les Italiens
pour se rendre en Allemagne et en France.

Hepworth Dixon, la Suisse contemporaine,
trad. de E Barbier.

LE LAC DE GENÈVE ET SON VOISINAGE

Comme le voyageur est ravi d'admiration, lorsque, dans un beau jour d'été, après avoir péniblement traversé les sommets du Jura, il arrive à cette gorge où se déploie subitement devant lui l'immense bassin de Genève; qu'il voit d'un coup d'œil ce beau lac dont les eaux réfléchissent le bleu du ciel, mais plus pur

Genève et le lac de Genève.

et plus profond; cette vaste campagne, si bien cultivée, peuplée d'habitations si riantes; ces coteaux qui s'élèvent par degrés, et que revêt une si riche végétation; ces montagnes couvertes de forêts toujours vertes; la crête sourcilleuse des hautes Alpes, ceignant ce superbe amphithéâtre, et le mont Blanc, ce géant des montagnes européennes, le couronnant de cet immense groupe de neige où la disposition des masses et l'opposition des lumières et des ombres produisent un effet qu'aucune expression ne peut faire concevoir à celui qui ne l'a pas vu! Et ce beau pays, si propre à frapper l'imagination, à nourrir le talent du poëte ou de l'artiste, l'est peut-être encore davantage à réveiller la curiosité du philosophe, à exciter les recherches du physicien. C'est vraiment là que la nature semble vouloir se montrer par le plus grand nombre de faces.

Les plantes les plus rares, depuis celles des pays tempérés jusqu'à celles de la zone glaciale, n'y coûtent que quelques pas au botaniste; le zoologiste peut y poursuivre des insectes aussi variés que la nature qui les nourrit; le lac y forme pour le physicien une sorte de mer, par sa profondeur, par son étendue, et même par la violence de ses mouvements; le géologiste, qui ne voit ailleurs que l'écorce extérieure du globe, en trouve là les masses centrales relevées et perçant de toutes parts leurs enveloppes pour se montrer à ses yeux; enfin, le météorologiste y peut à chaque instant observer la formation des nuages, pénétrer dans leur intérieur, ou s'élever au-dessus d'eux.

G. CUVIER, Discours sur les révolutions du globe.

LES RELIGIEUX DU SAINT-BERNARD

Il est intéressant de voir, dans les jours de grand passage, tous ces bons religieux empressés à recevoir les voyageurs, à les réchauffer, à les restaurer, à soigner ceux que la vivacité de l'air ou la fatigue ont épuisés ou rendus malades. Ils servent avec un égal empressement et les étrangers et leurs compatriotes, sans distinction d'état, de sexe ou de religion; sans s'informer même, en aucune manière, de la patrie ou de la croyance de ceux qu'ils

servent : le besoin ou la souffrance sont les premiers titres pour
avoir droit à leurs soins. Mais c'est surtout en hiver et au printemps que leur zèle est plus méritoire, parce qu'il les expose
alors à de grandes peines et à de très-grands dangers. Dès le
mois de novembre jusqu'au mois de mai, un domestique de confiance, qui se nomme le *marronnier*, va jusqu'à la moitié de

Hospice du mont Saint-Bernard.

la descente au-devant des voyageurs, accompagné d'un ou deux
grands chiens qui sont dressés à reconnaître le chemin dans les
brouillards, dans les tempêtes et les grandes neiges, et à découvrir les passagers qui se sont égarés. Souvent les religieux remplissent eux-mêmes cet office pour donner aux voyageurs des
secours temporels et spirituels : ils volent à leur aide toutes les

fois que le marronnier ne peut pas seul suffire à les sauver; ils
les conduisent, les soutiennent, quelquefois même les rapportent
sur leurs épaules jusque dans le couvent. Souvent ils sont obligés d'user d'une espèce de violence envers les voyageurs, qui,
engourdis par le froid et épuisés par la fatigue, demandent
instamment qu'on leur permette de se reposer ou de dormir
un moment sur la neige; il faut les secouer, les arracher de force
à ce sommeil perfide, qui les conduirait infailliblement à la
congélation et à la mort. Malgré tous leurs soins, il ne se passe
presque pas d'hiver où quelque voyageur ne meure ou n'arrive
à l'hospice avec des membres gelés.

C'est aussi dans la recherche des malheureux passagers qui
ont été entraînés par les avalanches et ensevelis dans les neiges,
que brillent le zèle et l'activité des bons religieux. Lorsque les
victimes de ces accidents ne sont pas enfoncées bien profondément sous la neige, les chiens du couvent les découvrent.

De Saussure, Voyage dans les Alpes

ITALIE

IMPRESSION GÉNÉRALE

Quiconque aime la nature et en sent les beautés, s'il a vu l'Italie, désire la revoir; et combien d'autres charmes attirent encore dans cette séduisante contrée! Partout quelque monument de l'art, partout quelque souvenir illustre ou attachant..... Tous les âges rassemblés, entassés, se pressent sur cette terre de ruines. L'époque étrusque, dont il subsiste de remarquables monuments, lie l'époque plus ancienne des premiers habitants connus de l'Italie à celle des Romains. Puis, sur les débris amoncelés par les Barbares, vainqueurs de l'empire, apparaissent d'autres débris : ici, et à demi caché sous les ronces et des herbes sèches, le squelette de quelque village, semblable à un mort que ses compagnons, dans leur fuite, n'auraient pas achevé d'ensevelir; sur une pointe de rocher, au milieu de ces austères paysages des Apennins, une vieille tour croulante, de larges pans de murs couverts de lierre, séjour autrefois de quelque seigneur féodal, où maintenant, sur le soir, l'orfraie pousse son cri lugubre. Ailleurs, à Lucques, Pise, Florence, Sienne, dans toutes les cités que vivifièrent des institutions populaires, des traces d'une autre grandeur tombée rappellent le temps où, seules libres au sein de la servitude générale, et riches, puissantes par la liberté, elles rallumèrent le flambeau éteint des arts, des sciences, des lettres. Médailles d'un siècle plus récent, de superbes palais abandonnés, déserts, principalement près de Rome, se dégradent d'année en année, montrant encore, à travers leurs élégantes fenêtres ouvertes à la pluie et à tous les vents, les vestiges d'un faste que rien ne rappelle dans nos chétives constructions modernes, d'un luxe grandiose et délicat, dont les arts divers avaient à l'envi réalisé les merveilles. La nature, qui ne vieillit jamais, s'empare peu à peu de ces somptueuses villas, œuvres altières de l'homme et fragiles comme lui. Nous avons vu les oiseaux nicher sur les corniches d'une salle peinte par Raphaël, le câprier sauvage enfoncer ses racines entre les marbres disjoints, et le lichen les couvrir de ses larges plaques vertes et blanches.

Lamennais, Affaires de Rome.

LES ITALIENS

C'est ce peuple choisi de Dieu, à qui, nous, hommes modernes, nous devons tout ce que nous sommes. C'est cette nation charmante et féconde qui a été notre initiatrice, notre mère. Je laisse de côté l'antiquité, qui, elle aussi, pourtant, est Italienne Mais, pour ne parler que de la société moderne, regardez! n'est-ce pas un spectacle frappant que de voir toujours l'Italie donner le signal au monde et toujours lui ouvrir la route des grandes choses?

Le premier poëte épique moderne est Italien : Dante.

Le premier poëte lyrique est Italien : Pétrarque.

Le premier poëte chevaleresque est Italien : le Tasse.

Le premier poëte d'imagination légère est Italien : l'Arioste.

Le premier conteur moderne est Italien : Boccace.

Le premier peintre du monde est Italien : Raphaël.

Le premier statuaire du monde est Italien : Michel-Ange.

Le premier vigoureux politique et le premier historien de la Renaissance est Italien : Machiavel.

Le premier philosophe historien est Italien : Vico.

Le conquérant du nouveau monde est Italien : Christophe Colomb.

Le premier démonstrateur des lois du monde céleste est Italien : Galilée.

Sur tous les degrés du temple du génie, vous trouvez debout, depuis le xiie siècle, un fils de l'Italie. Puis, dans les âges voisins de nous, tandis que toutes les autres nations travaillent pour donner une suite à cette immortelle galerie, l'Italie, de temps en temps, rassemble ses forces et jette au monde un colosse qui dépasse tout. Aujourd'hui, aujourd'hui même, le plus grand artiste vivant, le seul peut-être qui mérite le titre d'artiste de génie, n'est-il pas Italien, n'est-ce pas Rossini[1]? Et enfin n'est-ce pas aussi un fils de l'Italie, ce géant qui domine le siècle entier et couvre tout autour de lui de sa lumière ou de son ombre · Napoléon? En vérité, il semble que, quand la Providence a besoin d'un guide ou d'un chef pour l'humanité, elle frappe cette terre privilégiée et en fait jaillir un grand homme!

Ernest Legouvé, Proposition d'une souscription
pour les Italiens exilés en France.

LES ILES BORROMÉES. — LE LAC MAJEUR

En me réveillant, je vis à la clarté du soleil le paysage que j'avais entrevu la veille à la lumière de la lune; tous les détails perdus dans les masses d'ombres m'apparaissaient distinctement au jour: l'île Supérieure, avec son village de pêcheurs et de bateliers; l'île Mère, avec sa villa toute couverte de verdure; l'île Belle, avec son entassement de piliers superposés les uns aux autres; enfin, le bord opposé du lac, où viennent finir les montagnes des Alpes, et où commencent les plaines de la Lombardie.

1. Mort depuis que ceci a été écrit.

Il y a cent cinquante ans, ces îles n'étaient que des roches
nues, lorsqu'il vint dans l'esprit du comte Vitaliano Borromée
d'y transporter de la terre et de maintenir cette terre, comme
dans une caisse, par des murailles et des pilotis; cette opéra-
tion terminée, le noble prince sema sur ce sol factice de l'or,
comme le laboureur sème du grain, et il y poussa des arbres,
des villages et des palais.....

Nous nous embarquâmes et mîmes à la voile pour l'île Mère.

L'île Belle.

De loin, c'est une masse de verdure au milieu d'une large
tasse d'eau; elle est toute plantée de pins, de cyprès et de pla-
tanes; ses espaliers sont couverts de cédrats, d'oranges et de
grenades; les allées sont peuplées de faisans, de perdrix et de
pintades. Abritée de tous côtés contre le froid, s'ouvrant, comme
une fleur, à tous les rayons du soleil, elle reste toujours verte,
même lorsque les montagnes qui l'environnent blanchissent
sous les neiges de l'hiver. Le gardien du château me coupa une
charge de cédrats, d'oranges et de grenades, qu'il fit porter dans

mon bateau. Je n'avais pas vu, je l'avoue, cet excès d'hospitalité sans inquiétude pour ma bourse.....

A mesure que nous avancions vers l'île Belle, nous voyions sortir de l'eau ses dix terrasses superposées les unes aux autres. C'est sinon la plus belle des îles de ce petit archipel, du moins la plus curieuse. Tout y est taillé, marbre et bronze, dans le goût de Louis XIV; une forêt d'arbres magnifiques, une forêt de peupliers et de pins, ces géants au doux murmure, qui parlent, au moindre vent, une langue poétique, que comprennent sans doute l'air et les flots, puisqu'ils leur répondent dans le même idiome, s'élève sur les arcs de pierre qui baignent leurs pieds dans le lac, car l'île tout entière est enfermée dans un immense cercle de granit, comme un oranger dans sa caisse.

Nous y abordâmes, et nous mîmes le pied au milieu d'un parterre de fleurs étrangères et précieuses, qui toutes sont venues s'établir sous cette heureuse exposition : chaque terrasse est une plate-bande embaumée d'un parfum différent, au milieu duquel domine toujours celui de l'oranger.

Alexandre Dumas, Impressions de voyage.

VENISE

L'aspect de Venise est plus étonnant qu'agréable : on croit d'abord voir une ville submergée; et la réflexion est nécessaire pour admirer le génie des mortels qui ont conquis cette demeure sur les eaux. Naples est bâtie en amphithéâtre au bord de la mer; mais, Venise étant sur un terrain tout à fait plat, les clochers ressemblent aux mâts d'un vaisseau qui resterait immobile au milieu des ondes. Un sentiment de tristesse s'empare de l'imagination en entrant dans Venise. On prend congé de la végétation, tous les animaux en sont bannis, et l'homme seul est là pour lutter contre la mer.

Le silence est profond dans cette ville, dont les rues sont des

Un canal à Venise.

canaux, et le bruit des rames est l'unique interruption à ce silence. Ces gondoles noires qui glissent sur les canaux ressemblent à des cercueils ou à des berceaux, à la dernière et à la première demeure de l'homme. Le soir, on ne voit passer que le reflet des lanternes qui éclairent les gondoles; car, de nuit, leur couleur noire empêche de les distinguer. On dirait que ce sont des ombres qui glissent sur l'eau, guidées par une petite étoile.

Mme DE STAËL, *Corinne*.

FLORENCE

A Florence, comme dans presque toutes les villes d'Italie, le costume national a complétement disparu. Il est si bien proscrit des habitudes actuelles, qu'un artiste ne peut, sans payer très-cher, trouver un modèle qui veuille poser avec l'ancien costume italien.

A part cette petite critique, je m'empresserai d'exprimer mon admiration pour Florence, cette reine des arts, patrie des plus beaux génies dont l'Italie s'honore. La gloire de compter au nombre de ses enfants, Dante, Michel-Ange, Galilée, Boccace, Pétrarque, Cellini, André del Sarto, suffirait seule pour lui donner la prédominance sur les autres cités italiennes, quand elle n'aurait aucun des avantages dont elle est si libéralement dotée. On a tellement épuisé pour elle toutes les formules de l'enthousiasme, qu'en vérité il serait difficile d'en trouver de nouvelles pour la louer; seulement je signalerai le travers qu'ont les voyageurs de ne répéter que ce qui a été dit avant eux. Ces gens-là ne voient que par les yeux des autres : aussi leurs impressions sont-elles d'une uniformité désolante. A l'égard de Florence, que n'a-t-on pas dit sur son doux ciel, ses villas, ses bois d'orangers (qu'elle n'a pas), son Arno (qui, pendant l'été, est presque à sec), ses galeries et ses églises? Il me semble qu'il y a une autre manière de l'envisager moins banale et plus près de la vérité.

Florence.

Ce qui frappe tout d'abord à Florence, c'est l'aspect sombre et menaçant de ses palais, véritables forteresses du moyen âge. Rien ne peut mieux donner l'idée de l'époque où chacun était forcé de se garder soi-même, que ses grands édifices formés de gros blocs de pierres norcies par le temps, avec leurs crénelures et leurs anneaux de fer pendants le long des murs, comme si l'on était encore au temps des barricades. La rareté des croisées ajoute à leur tristesse. Une porte massive de chène défend le passage qui donne accès dans ces formidables demeures, théâtres des guerres civiles qui ont si souvent déchiré les États florentins. Avec de pareilles constructions, il est facile de comprendre que l'aspect de Florence ne soit pas aussi riant qu'on le dit généralement : loin de là, peu de villes ont une physionomie aussi sévère et qui fasse autant songer aux événements passés. Certaines rues surtout produisent un effet singulier sur l'imagination. Il faut les traverser à la tombée de la nuit, quand elles sont presque désertes et que leurs immenses palais se perdent dans la brume du soir, pour bien comprendre la sombre poésie qui les caractérise.

Mme HOMMAIRE DE HELL, A travers le monde.

LA GRANDE CASCADE DE L'ANIO (TEVERONE)

Voilà le soleil, courons vite à la cascade. L'Arno arrive lentement, sur un lit égal et uni, en baignant d'un côté une ville étalée sur ses bords, et de l'autre de grands ormes qui balancent sur lui leur ombrage ; il s'avance ainsi, calme, majestueux, paisible. soudain, entrant dans une fureur inexprimable, il se brise tout entier sur des rocs ; il rejaillit, il retombe en bouillons impétueux, qui se heurtent, qui se mêlent, qui sautent ; il remplit un moment un vaste rocher, l'entr'ouvre et se précipite en grondant. Où est-il donc ?

Je suis éloigné de plus de cent toises, et la poussière de ces flots brisés m'arrive et m'inonde ; elle forme à plus de cent toises, en tous sens, une pluie continuelle.

Mais j'entends mugir encore ces flots ; je demande à les revoir, on me conduit à la grotte de Neptune.

Là une montagne de roche s'avance sur un abîme épouvantable, se creuse, se voûte et se soutient hardiment sur deux énormes arcades. A travers plusieurs arcs-en-ciel qui les cintrent en se croisant à travers les plantes et les mousses qui pendent de leurs fronts en festons, j'aperçois de nouveau ces flots furieux, qui tombent sur des pointes de rochers, où ils se brisent encore, sautent de l'un à l'autre, se combattent, se plongent, disparaissent ; ils sont enfin dans l'abîme.

Écoutons bien les tonnerres qui roulent en flots bondissants ; écoutons bien ce retentissement universel, et tout à l'entour ce silence.

Ces flots, cette hauteur, cet abîme, ce fracas, ces rocs pendants en précipice, les uns noircis par les siècles, d'autres verdis par de longues mousses, ceux-là hérissés de ronces et de plantes sauvages de toute espèce ; ces rayons égarés du soleil, qui se brisent, qui se jouent sur le roc, dans les eaux, parmi les fleurs ; ces oiseaux que le bruit et le vent des ondes effrayent et repoussent, dont on ne peut entendre la voix : tout cela m'émeut, me trouble, m'enchante.

Horace, tu es venu sûrement plus d'une fois accorder ici ton imagination et ta lyre !

Dupaty, Lettres sur l'Italie.

ASPECT DE ROME MODERNE

Figurez-vous quelque chose de la désolation de Tyr et de Babylone dont parle l'Écriture ; un silence et une solitude aussi vastes que le bruit et le tumulte des hommes qui se pressaient

Vue générale de Rome.

jadis sur ce sol. On croit y entendre retentir cette malédiction du prophète : *Deux choses te viendront à la fois en un seul jour, stérilité et veuvage.* Vous apercevez çà et là quelques bouts de voies romaines, dans des lieux où il ne passe presque personne, quelques traces desséchées des torrents de l'hiver : ces traces, vues de loin, ont elles·mêmes l'air de grands chemins battus et fréquentés, et elles ne sont que le lit désert d'une onde orageuse qui s'est écoulée comme le peuple romain. A peine découvrez-vous quelques arbres ; mais vous voyez partout des ruines d'aqueducs et de tombeaux ; ruines qui semblent être les forêts et les plantes indigènes d'une terre composée de la poussière des morts et des débris des empires. Souvent, dans une grande plaine, j'ai cru voir de riches moissons, je m'en approchais : des herbes flétries avaient trompé mon œil. Parfois, sous ces moissons stériles, vous distinguez les traces d'une ancienne culture. Point d'oiseaux, point de laboureurs, point de mouvements champêtres, point de mugissements de troupeaux, point de villages. Un petit nombre de fermes délabrées se montrent sur la nudité des champs ; les fenêtres et les portes sont fermées ; il n'en sort ni fumée, ni bruit, ni habitants. Une espèce de sauvage presque nu, pâle et miné par la fièvre, garde ces tristes chaumières, comme les spectres qui, dans nos histoires gothiques, défendent l'entrée des châteaux abandonnés. Enfin, on dirait qu'aucune nation n'a osé succéder aux maîtres du monde dans leur terre natale, et que ces champs sont tels que les a laissés le soc de Cincinnatus ou la dernière charrue romaine.

Chateaubriand, Voyage en Italie.

NAPLES

Naples est située au fond d'un golfe qui a 25 kilomètres de tour. La ville avec ses faubourgs en occupe 15 seulement de circonférence. La largeur et la beauté de ses quais, le château de l'Œuf

(Castel dell' Uovo), isolé sur le haut d'un rocher escarpé ; celui de Saint-Elme, qui s'élève sur une colline de l'intérieur ; l'île de Capri, qui sort de l'onde comme un rocher stérile ; la couleur noirâtre du Vésuve, qui menace la ville de ses feux destructeurs, et dont les flancs, couverts de la plus belle verdure, sont tachetés

Paysanne (contadina) venant au marché.   Marchand de fruits et de vinaigre.

de points blancs qui sont autant de maisons de campagne ; les montagnes bleuâtres dont l'extrémité forme le promontoire de Massa ; à leur pied, Castellamare, bâtie sur les ruines de Stabiæ, près de laquelle Pline l'ancien trouva la mort en contemplant l'éruption qui détruisit Pompeii ; au bord de la mer, Sorrento, patrie du Tasse, forment un point de vue dont la magnificence

L'acquajolo.

surpasse les plus belles descriptions. En voyant se dérouler ce riche panorama, on peut se dire avec le Napolitain : « Voir Naples et mourir. »

Ces quais animés par la foule qui se presse annoncent une ville populeuse; mais c'est dans la rue de Tolède qu'on peut s'en faire une idée juste. Cette rue présente, le dimanche, l'image d'un flux et d'un reflux, tant on s'y presse, tant on se fatigue pour faire un pas. Trois cents chars aux essieux dorés la traversent aussi prompts que l'éclair, et s'y croisent en tous sens, sans s'inquiéter s'ils trouveront un passage. Il semble voir le soc d'une charrue qui creuse un sillon, et jette doucement la glèbe de chaque côté, car personne ne bouge et jamais aucun accident n'arrive. Le Napolitain pressent l'arrivée du char, détourne légèrement l'épaule, et prend ensuite sa première position. La rue de Tolède, a-t-on dit, est de toutes les rues du monde celle où se passent les scènes les plus bizarres et les plus variées : c'est une foire perpétuelle. L'acquajolo y distribue sa boisson rafraîchissante et glacée; le lazzarone y vend ses figues; le bateleur y dresse ses tréteaux, ses auditeurs mangent du macaroni. Quelquefois, au milieu de la foule, un convoi s'avance processionnellement avec tout l'appareil d'un triomphe; car le coffre qui renferme la bière dépositaire du cadavre est éblouissant d'or et de sculpture, et repose sur une estrade revêtue d'un riche tapis de velours cramoisi.

Le mouvement et l'activité qui caractérisent Naples ne sont nullement les indices de l'industrie et du travail. Les Napolitains se remuent et se tourmentent sans rien faire, comme ils se querellent et se menacent avec fureur sans jamais en venir aux mains. On comprend que nous ne parlons que du peuple : c'est toujours dans ses rangs qu'il faut observer le caractère national. Dans la dernière classe de Naples, il règne un sentiment de haine très-prononcé contre ceux qui tiennent la balance de Thémis. Rouez de coups de canne un filou qui vous met la main dans la poche, le peuple approuvera la correction ; conduisez-le au corps de garde, il murmurera. Un crime est-il commis, on plaint la victime; l'assassin est-il arrêté, c'est lui qui excite la pitié.

L'existence des lazzaroni s'est améliorée : cette portion du
peuple, désœuvrée par goût et soumise par paresse, ne trouble
point la tranquillité de la ville. Ce n'est que dans quelques
occasions qu'on l'a vue manifester contre le gouvernement des
intentions hostiles. Ces hommes, qui, pour la valeur de quinze
centimes, se procurent autant de macaroni qu'ils peuvent en
manger; qui, pour deux centimes, s'abreuvent d'eau glacée,
ont bientôt gagné de quoi satisfaire les besoins les plus impé-
rieux. La glace est de première nécessité à Naples, comme le
pain l'est dans les régions tempérées : le gouvernement met tous
ses soins à la tenir à bas prix.

La mendicité prend dans cette ville toutes les formes pour
tromper les étrangers ou pour émouvoir les passants; le vol n'y
est pas rare, et dans les endroits populeux on est souvent exposé
à se voir enlever sa montre ou son mouchoir avec une habileté
que ne désavouerait pas le pickpocket anglais.

MALTE-BRUN, Géographie universelle, édit. de E. Cortambert.

LES NAPOLITAINS

Le peuple napolitain, à quelques égards, n'est point du tout
civilisé; mais il n'est point vulgaire à la manière des autres
peuples. Sa grossièreté même frappe l'imagination. La rive africaine, qui borde la mer de l'autre côté, se fait déjà presque
sentir, et il y a je ne sais quoi de Numide dans les cris sauvages qu'on entend de toutes parts. Ces visages brunis, ces
vêtements formés de quelques morceaux d'étoffe rouge ou
violette, dont la couleur foncée attire les regards; ces lambeaux d'habillements que ce peuple artiste drape encore avec
art, donnent quelque chose de pittoresque à la populace, tandis
qu'ailleurs on ne peut voir en elle que les misères de la civi-

Naples et le Vésuve.

lisation. Un certain goût pour la parure et les décorations se
trouve souvent, à Naples, à côté du manque absolu des choses
nécessaires ou commodes. Les boutiques sont ornées agréable-
ment avec des fleurs et des fruits ; quelques-unes ont un air de
fête, qui ne tient ni à l'abondance, ni à la félicité publique,
mais seulement à la vivacité de l'imagination : on veut réjouir
les yeux avant tout. La douceur du climat permet aux ouvriers
en tout genre de travailler dans la rue. Les tailleurs y font
des habits, les traiteurs leurs repas, et les occupations de la
maison se passent ainsi au dehors, multipliant le mouvement
de mille manières. Les chants, les danses, des jeux bruyants,
accompagnent assez bien tout ce spectacle, et il n'y a point de
pays où l'on sente plus clairement la différence de l'amusement au bonheur. Enfin, on sort de l'intérieur de la ville
pour arriver sur les quais, d'où l'on voit et la mer et le Vésuve,
et l'on oublie alors tout ce que l'on sait des hommes.

Mme DE STAËL, Corinne.

LE VÉSUVE

Au pied du Vésuve, la campagne est la plus fertile et la mieux
cultivée que l'on puisse trouver dans le royaume de Naples,
c'est-à-dire dans la contrée de l'Europe la plus favorisée du ciel.
La vigne célèbre dont le vin est appelé *Lacryma Christi* se
trouve dans cet endroit et tout à côté des terres dévastées par la
lave. On dirait que la nature a fait un dernier effort en ce lieu
voisin du volcan, et s'est parée de ses plus beaux dons avant de
périr. A mesure que l'on s'élève, on découvre, en se retournant,
Naples et l'admirable pays qui l'environne ; les rayons du soleil
font scintiller la mer comme des pierres précieuses. Mais toute
la splendeur de la création s'éteint par degrés jusques à la terre

de cendre et de fumée qui annonce d'avance l'approche du
volcan. Les laves ferrugineuses des années précédentes tracent
sur le sol leur large et noir sillon, et tout est aride autour
d'elles. A certaine hauteur, les oiseaux ne volent plus ; à telle
autre, les plantes deviennent très-rares ; puis les insectes mêmes
ne trouvent plus rien pour subsister dans cette nature consumée.
Enfin, tout ce qui a vie disparaît : vous entrez dans l'empire de
la mort, et la cendre de cette terre pulvérisée roule seule sous
vos pieds mal affermis

..... Le feu du torrent est d'une couleur funèbre ; néanmoins
quand il brûle les vignes ou les arbres, on en voit sortir une
flamme claire et brillante ; mais la lave même est sombre, telle
qu'on se représente un fleuve de l'enfer ; elle roule lentement
comme un sable noir le jour et rouge la nuit. On entend, quand
elle approche, un petit bruit d'étincelles, qui fait d'autant plus
de peur qu'il est léger et que la ruse semble se joindre à la
force : le tigre royal arrive ainsi secrètement à pas comptés.
Cette lave avance, avance, sans jamais se hâter et sans perdre un
instant. Si elle rencontre un mur élevé, un édifice quelconque
qui s'oppose à son passage, elle s'arrête, elle amoncelle devant
l'obstacle ses torrents noirs et lumineux, et l'ensevelit enfin sous
ses vagues brûlantes. Sa marche n'est point assez rapide pour
que les hommes ne puissent fuir devant elle ; mais elle atteint,
comme le temps, les imprudents et les vieillards, qui, la voyant
venir lourdement et silencieusement, s'imaginent qu'il est aisé
de lui échapper. Son éclat est si ardent, que pour la première
fois la terre se réfléchit dans le ciel, et lui donne l'apparence
d'un éclair continuel ; ce ciel, à son tour, se répète dans la mer,
et la nature est embrasée par cette triple image du feu.

On a peur de ce qui se passe au sein de la terre, et l'on sent
que d'étranges fureurs la font trembler sous nos pas. Les rochers
qui entourent la source de la lave sont couverts de soufre, de
bitume, dont les couleurs ont quelque chose d'infernal. Un vert
livide, un jaune brun, un rouge sombre, forment comme une
dissonance pour les yeux, et tourmentent la vue, comme l'ouïe

Palerme.

serait déchirée par ces sons aigus que faisaient entendre les
sorcières quand elles appelaient, de nuit, la lune sur la terre.

Tout ce qui entoure le volcan rappelle l'enfer, et les descriptions des poëtes sont sans doute empruntées de ces lieux. C'est
là que l'on conçoit comment les hommes ont cru à l'existence
d'un génie malfaisant qui contrariait les desseins de la Providence. On a dû se demander, en contemplant un tel séjour, si la
bonté seule présidait aux phénomènes de la création ou bien
si quelque principe caché forçait la nature, comme l'homme,
à la férocité.

Mme DE STAËL, Corinne.

PALERME

Nous contemplons la capitale de la Sicile se déroulant avec
grâce au fond de son golfe arrondi. Les rayons du soleil levant
glissent au-dessus de la masse confuse des maisons, et dorent
les clochers des églises et les pavillons des palais. Dans un
bleuâtre lointain apparaissent des montagnes indécises, tandis
qu'à l'ouest le mont Pellegrino, aux arêtes roides et tranchées,
aux flancs nus et sévères, contraste vigoureusement avec la
richesse verdoyante de la vallée qu'il domine.

L'aspect général de Palerme est plutôt d'une ville espagnole
que d'une ville italienne. Sa forme est un carré légèrement
allongé, dont un des petits côtés, au nord-est, est adossé à la
mer. Son port est abrité par un môle.

On rencontre de distance en distance des fontaines, dont quelques-unes ont des proportions colossales. Des balcons de fer font
saillie à toutes les fenêtres.

La vie des Palermitains se passe presque toute en plein air :
les affaires, le travail, les plaisirs, tout a lieu dans la rue ; on

pourrait presque dire qu'on y dort, à voir tant de groupes
d'hommes couchés la nuit sur les trottoirs, sur les marches des
palais et aux portes des églises. Des artisans de divers métiers
travaillent sur les balcons, ou le soir, devant leurs ateliers, à
la lueur de petites lampes. Les maisons sont en communication
aussi complète que possible avec l'air extérieur; l'œil pénètre
sans obstacle dans les boutiques et dans les cabinets d'affaires;
il n'est pas jusqu'au notaire qu'on ne puisse se donner le
plaisir d'observer, de la rue, attablé au milieu de ses dossiers,
dictant des actes à son unique clerc et causant avec ses rares
clients.

On n'a point exagéré la sobriété des Siciliens : du pain et de
l'eau pour les plus misérables, des figues d'Inde ou d'autres
fruits communs pour les autres, du macaroni pour les mieux
partagés, cela suffit : le ciel est si splendide, la brise du soir
si rafraîchissante, la campagne si belle! C'est aux peuples du
Nord, enveloppés dans leurs tristes brumes, à aimer les longs
et succulents festins.

Félix Bourquelot, dans le Tour du monde.

PÉNINSULE HISPANIQUE

L'ESPAGNE ET LES ESPAGNOLS

On l'a dit depuis longtemps et avec beaucoup de justesse :
« L'Afrique commence aux Pyrénées. » L'Hispano-Lusitanie
ressemble, en effet, au continent africain par la lourdeur des
formes, la rareté des îles riveraines, par le petit nombre relatif
de plaines largement ouvertes du côté de la mer; mais c'est
une Afrique en miniature, cinquante fois moins étendue que le
continent qui semblerait lui avoir servi de modèle. D'ailleurs
son versant océanique, des Asturies, de la Galice, de la Beira, est
encore parfaitement européen par le climat, l'abondance des
eaux, la nature de la végétation; certaines coïncidences de la
flore entre ces régions et les îles Britanniques ont même fait
supposer qu'à une époque antérieure de la planète la péninsule d'Ibérie tenait par ce côté au prolongement nord-occi-
dental de l'Europe. L'Hispanie vraiment africaine ne commence qu'aux plateaux sans arbres de l'intérieur, et surtout
aux rivages méditerranéens. Là se trouve la zone de transition
entre les deux continents. Par son aspect général, sa flore, sa
faune et ses populations elles-mêmes, cette partie de l'Espagne
appartient à la zone intermédiaire, qui comprend toutes les
contrées barbaresques jusqu'au désert du Sahara. La Sierra
Nevada et l'Atlas, qui se regardent d'un continent à l'autre,
sont des montagnes sœurs : le détroit qui les sépare n'est qu'un
simple accident dans l'aménagement de la planète.

« L'Espagnol est un Gascon, a dit un voyageur français,

mais un Gascon tragique. » Les actes suivent chez lui les
paroles. Il est vantard ; mais si quelqu'un pouvait avoir raison
de l'être, ce serait lui. L'Espagnol a des qualités qui, chez
d'autres peuples, s'excluent souvent. Avec toute sa fierté, il est
pourtant simple et gracieux de manières ; il s'estime fort lui-
même, mais il n'en est pas moins prévenant pour les autres ;
très-perspicace et devinant fort bien les travers et les vices de
son prochain, il ne s'abaisse point à le mépriser. Même quand
il mendie, il sait parfois garder une attitude de noblesse. Un
rien le fera s'épancher en torrents de paroles sonores ; mais
que l'affaire soit d'importance, un mot, un geste, lui suffi-
ront. Il est souvent grave et solennel d'aspect ; il a un grand
fonds de sérieux, une rare solidité de caractère, mais avec cela
une gaieté toujours bienveillante. L'avantage immense, inappré-
ciable que l'Espagnol, si l'on excepte toutefois le Vieux-Castillan,
a d'ordinaire sur la plupart des autres Européens, est celui
d'être heureux. Rien ne l'inquiète : il se fait à tout ; il prend
philosophiquement la vie comme elle vient ; la misère ne
l'effraye point, et il sait même, avec une ingéniosité sans
pareille, en extraire les joies et les avantages. Quel héros de
roman eut la vie plus traversée et pourtant plus gaie que
ce Gil Blas, dans lequel les Espagnols se sont si bien reconnus ?
Et néanmoins c'était alors la sombre époque de l'inquisition ;
mais l'effroyable saint-office n'empêchait pas la joie. « La parfaite félicité, dit le proverbe, est de vivre aux bords du Manza-
narès ; le second degré du bonheur est d'être en paradis, mais
à condition de voir Madrid par une lucarne du ciel. »

Élisée Reclus, Nouvelle Géographie universelle.

Madrid, vue générale.

MADRID

Quand on parle de Madrid, les deux premières idées que ce mot éveille dans l'imagination sont le Prado et la Puerta del Sol.

Le Prado, composé de plusieurs allées et contre-allées, avec une chaussée au milieu pour les voitures, est ombragé par des arbres écimés et trapus, dont le pied baigne dans un petit bassin entouré de briques, où des rigoles amènent l'eau aux heures de l'arrosement; sans cette précaution, ils seraient bientôt dévorés par la poussière et grillés par le soleil. Il y a une contre-allée qui porte le nom de Paris : c'est le rendez-vous de la fashion de Madrid; et, comme l'imagination des fashionables ne brille pas précisément par le pittoresque, ils ont choisi l'endroit le plus poussiéreux, le moins ombragé, le moins commode de toute la promenade.

Le coup d'œil du Prado est réellement un des plus animés qui puissent se voir, et c'est une des plus belles promenades du monde, non pour le site, qui est des plus ordinaires, malgré tous les efforts que Charles III a pu faire pour en corriger la défectuosité, mais à cause de l'affluence étonnante qui s'y porte tous les soirs, de sept heures et demie à dix heures.

La Puerta del Sol n'est pas une porte, comme on pourrait se l'imaginer, mais bien une façade d'église, peinte en rose et enjolivée d'un cadran éclairé la nuit, et d'un grand soleil à rayons d'or, d'où lui vient le nom de Puerta del Sol; devant cette église il y a une espèce de place ou de carrefour. La Puerta del Sol est le rendez-vous des oisifs de la ville, et il paraît qu'il y en a beaucoup, car dès huit heures du matin la foule est compacte.

Madrid n'est pas riche en magnificences architecturales, et une rue est aussi curieuse qu'une autre. Les maisons de Madrid sont bâties de briques et de pisé, sauf les jambages, les chaînes et les étriers, qui sont quelquefois de granit gris ou

bleu, le tout soigneusement récrépi et peint de couleurs assez
fantasques, vert céladon, cendre bleue, ventre de biche, queue
de serin, rose pompadour, et autres teintes plus ou moins ana-
créontiques. Les fenêtres sont encadrées d'ornements et d'ar-
chitectures simulés avec force volutes, enroulements, petits
Amours et pots à fleurs, et garnies de stores à la vénitienne
rayés de larges bandes bleues et blanches, ou de tapis de
sparterie, qu'on arrose pour charger d'humidité et de fraîcheur le vent qui les traverse.

Les maisons tout à fait modernes se contentent d'être crépies
à la chaux ou badigeonnées avec la peinture au lait, comme
celles de Paris. Les saillies des balcons et des miradores rompent
un peu la monotonie des lignes droites; tous les reliefs sont
peints et traités en décorations de théâtre. Éclairez tout cela avec
un soleil étincelant; plantez de distance en distance, dans ces
rues inondées de lumière, quelques señoras long-voilées qui
tiennent contre leur joue leur éventail déployé en manière de
parasol; quelques mendiants hâlés, ridés, drapés de lambeaux
de toile et de haillons à l'état d'amadou, quelques Valenciens
demi-nus à tournure de Bédouins; faites surgir entre les toits
les petites coupoles bossues, les clochetons renflés et terminés
par des pommes de plomb d'une église ou d'un couvent, vous
obtiendrez une perspective assez étrange.

Théophile Gautier, Voyage en Espagne.

L'ALHAMBRA DE GRENADE ET L'ALCAZAR DE SÉVILLE

La juridiction de la Real Fortaleza de la Alhambra est tout
à fait indépendante de celle de Grenade.

Rien ne saurait rendre l'impression qu'éprouve celui qui
traverse pour la première fois la « porte des Grenades » : on se

Grenade et l'Alhambra.

croit transporté dans un pays enchanté, en pénétrant sous ces
immenses arceaux de verdure formés par des ormes séculaires,
et l'on pense à la description du poëte arabe, qui les comparait
à des voûtes d'émeraude. C'est la plus majestueuse décoration
qu'il soit possible de rêver; et si les yeux sont émerveillés,
l'oreille n'est pas moins charmée par le chant des oiseaux et par
le bruit des cascades et des fontaines : l'eau limpide des ruisseaux entretient une fraîcheur continuelle dans cet Éden, où le
printemps dure toujours, et auquel les Grenadins ont donné
le nom beaucoup trop modeste de *Bosque de la Alhambra*.
Trois allées s'ouvrent devant nous : celle de droite conduit aux
fameuses *Torres Bermejas* (tours Vermeilles), et vient aboutir
au Campo de los Martires; celle du milieu conduit au *Gene-
ralife;* et enfin celle de gauche, que nous allons suivre, nous
mènera, à travers une suite d'enchantements, à l'entrée principale de l'enceinte de l'Alhambra. La route est abrupte, mais
la végétation qui s'élève de chaque côté est si magnifique, l'air
si pur et si frais sous ce jardin de haute futaie, que l'on monte
sans s'apercevoir de la fatigue; de petites rigoles, dans lesquelles l'eau descend avec bruit sur un lit de cailloux, entretiennent l'humidité au pied des grands arbres, sous lesquels
s'élèvent, comme chez nous la charmille, des orangers, des
lauriers-roses gigantesques (*adelfas*), et autres arbustes inconnus dans nos climats. De toutes parts on voit et l'on entend les
sources et les fontaines s'échapper avec bruit à travers les ruines
et la verdure : cette bienheureuse Grenade est tellement privilégiée du ciel, que les eaux deviennent plus abondantes à mesure
que la chaleur est plus intense, car elles descendent des cimes
toujours blanches de la Sierra Nevada, dont le soleil le plus
ardent ne parvient jamais à épuiser les neiges éternelles.

Si l'Alhambra n'existait pas, l'Alcazar de Séville serait certainement le plus merveilleux monument mauresque de l'Espagne.
On a répété souvent que le touriste ne devait visiter l'Alcazar
qu'après avoir vu l'Alhambra. Nous pensons que cela importe
peu : chacun de ces deux monuments se distingue par des

beautés et des mérites particuliers, tant sous le rapport de l'architecture que sous celui de la situation. Si le palais de Grenade est bâti sur un des plus beaux sites du monde, l'Alcazar de Séville est environné de jardins qui font penser au paradis terrestre et aux séjours enchanteurs décrits par l'Arioste. Les origines de l'Alcazar ne sont pas parfaitement connues. Suivant l'opinion la plus répandue, il fut commencé au XI⁰ siècle par un architecte arabe venu de Tolède, et des ouvriers qui avaient travaillé aux décorations de l'Alhambra auraient été envoyés de Grenade pour exécuter les ornements de stuc. Quoi qu'il en soit, il ne reste plus aujourd'hui la moindre trace de la construction primitive, qui devait être, suivant toute apparence, de ce style arabe si noble et si majestueux, dont la mosquée de Cordoue offre le plus beau spécimen existant.

Gustave Doré et Ch. Davillier, Voyage en Espagne.

LE PORTUGAL ET LES PORTUGAIS

Le Portugal est un des plus petits États souverains de l'Europe, quoique, pendant une courte période, il en ait été le plus puissant.

Il semblerait d'abord que, par un résultat naturel des attractions géographiques, le Portugal dût faire partie intégrante d'un État ibérique comprenant toutes les provinces transpyrénéennes; pourtant ce n'est point un effet du hasard, ni la conséquence d'événements purement historiques, si le Portugal a presque toujours eu une existence nationale indépendante de l'Espagne. Il faut remarquer en premier lieu que la partie du rivage devenue portugaise est à peu près rectiligne; elle se distingue par l'extrême uniformité de ses plages, et contraste absolument avec les côtes espagnoles. Les mêmes conditions de vents, de courants, de climat, de faune et de végétation se retrouvent sur tout le développement du littoral lusitanien, et, par suite, les habitants ont dû s'accoutumer au même genre de vie, nourrir les mêmes idées, et tendre naturellement à se grouper en un même corps politique. C'est par le littoral, et de proche en proche, que le Portugal s'est constitué en État indépendant.

La zone de largeur uniforme qui s'est détachée du corps de la péninsule ibérique pour suivre la destinée des campagnes du littoral, était également limitée d'avance par les conditions de sol et de climat. Dans son ensemble, la zone lusitanienne est formée par la déclivité des plateaux espagnols, s'abaissant de terrasse en terrasse et de chaînon en chaînon vers la côte océanique. La limite naturelle des grandes pluies que les vents d'ouest apportent sur les collines et les monts du Portugal coïncide précisément avec la frontière des deux pays : d'un côté, l'atmosphère humide, les averses fréquentes, la riche végétation forestière; de l'autre, un ciel aride sur une terre desséchée, des roches nues, des plaines sans arbres.

L'antique Lusitanie était peuplée de tribus celtiques et ibériennes, qui luttèrent longtemps avec succès contre les armes de Rome; mais ces tribus se modifièrent sous l'influence énergique des Romains, qui leur imposèrent leur langue, leur administration, leurs formes d'administration et de justice. Les Mahométans d'origines diverses, qui s'emparèrent du pays à leur tour, ont aussi contribué puissamment à changer le sang et les mœurs des habitants..... Des milliers de Juifs espagnols, bravant l'esclavage et la mort, se domicilièrent en Portugal.....

Les Portugais ne sont pas seulement mélangés d'éléments arabes, berbères, israélites; ils sont aussi très-fortement croisés de nègres, surtout dans la partie méridionale. Avant que les noirs de Guinée fussent exportés en multitudes dans les plantations d'Amérique, la traite n'en était pas moins fort active : c'est dans les ports méridionaux de l'Espagne et du Portugal qu'étaient vendus les esclaves africains.

Le mélange de tous ces éléments divers n'a point produit une belle race. Il est rare que les Portugais puissent se comparer à leurs voisins les Espagnols pour la noblesse du visage. Leurs traits n'ont, en général, aucune régularité, leurs nez sont retroussés, leurs lèvres épaisses. On ne trouve parmi eux que peu d'hommes de belle taille; trapus, carrés, ils ont une grande disposition à prendre de l'embonpoint. La plupart des femmes sont petites et grasses; elles n'ont point la beauté fière des Espagnoles, mais elles se distinguent par l'éclat des yeux, l'abondance de la chevelure, la vivacité de la physionomie, l'amabilité des manières.

Élisée Reclus, Nouvelle Géographie universelle.

LISBONNE

Lisbonne est bâtie en amphithéâtre sur plusieurs collines qui dominent les bords du Tage. De presque tous les points de la ville un merveilleux panorama se déroule devant les regards. On admire cette multitude de vaisseaux portant pavillons de toutes les nations, ces coteaux ravissants couverts de la plus riche végétation. Si l'on a vu Gênes, Venise ou Naples, on peut comparer Lisbonne avec elles. Comme ces cités historiques, la capitale du Portugal offre aux regards surpris l'aspect d'une ville orientale. « Les vieilles tours, dit M. Vogel, et les castels qui s'élèvent sur les deux rives, de vastes édifices, les anciens couvents, les églises avec leurs coupoles, des milliers de maisons et une foule de villas en partie revêtues de plaques de faïence, avec le cadre magique de la riche végétation des hauteurs environnantes, tout cet ensemble radieux de lumière impose et charme par un aspect que l'on a comparé à celui de Constantinople. » Lisbonne manque d'habitants. Au centre même de la ville, l'herbe pousse dans les rues.

..... Sous le rapport du costume, les Lisbonnais ne diffèrent guère des habitants de Londres et de Paris. Les gens du peuple des deux sexes portent presque toujours le man-

Lisbonne.

teau brun, comme cela se pratique aussi en Espagne. Les classes aisées suivent les modes françaises et s'habillent avec les étoffes anglaises. En outre de la *capa*, ou manteau brun, il faut aussi citer le *lenco*, ou mouchoir de linon blanc très-clair et très-gommé, avec lequel les Portugaises savent se faire une charmante coiffure.

GERMOND DE LAVIGNE, *Itinéraire de l'Espagne et du Portugal.*

TURQUIE D'EUROPE
ET PRINCIPAUTÉS ROUMAINES ET SLAVES

CAMPAGNES DE LA TURQUIE. — PAYSANS TURCS

La terre est grasse et fertile, mais on ne la cultive pas. S'il y avait une route praticable, ces campagnes ne pourraient être aussi désolées. Les Ottomans d'autrefois avaient moins d'incurie. De tous les côtés, les ruines des villages abandonnés indiquent une ancienne prospérité; les habitants sont partis, ils sont allés s'enfermer dans les villes.

Le khan (hôtellerie) n'a à nous offrir que du café. Ce cabaret est rempli de paysans osmanlis, qui fument en silence; ils s'enferment là dès le matin, allument leur pipe et passent des heures entières dans la plus étrange apathie, plutôt endormis qu'éveillés. Nous n'avons aucune idée d'une paresse aussi complète; leur démarche même indique une mollesse profonde : ils traînent dans la rue leurs babouches comme s'ils avaient peine à marcher. Les babouches et la pipe sont les signes extérieurs de la décadence ottomane. Comment imaginer des hommes actifs chaussés de pantoufles qui ne tiennent pas dans les pieds, et avec lesquelles on ne peut marcher qu'à pas comptés?

La pipe turque est un monument : la plus simple est encore très-longue; il faut la poser à terre pour s'en servir. Un peuple qui s'embarrasse de tant de difficultés ne peut guère songer qu'à s'asseoir, et c'est ce qu'il fait. Le Turc fume depuis le lever du jour. Dans le cabaret, on ne prend ni liqueurs, ni vin, mais des sucreries, des sirops, qui ne sont pas des toniques, et surtout

l'éternel café, servi dans des tasses un peu plus grandes que nos
dés à coudre.

Le paysan turc laboure juste ce qu'il faut pour qu'il ait de
quoi vivre l'année qui vient. Un champ reste inculte cinq ou six
ans, quelquefois sept. La charrue rappelle celle d'Hésiode; c'est
à peine si elle égratigne le sol. On ne connaît pas ici l'usage du
fumier, et cependant la terre donne un assez bon rapport. Les
bœufs du pays ne peuvent traîner nos charrues, c'est là un fait
qu'on a souvent signalé en Orient; les bêtes de somme y ont
moins de vigueur que chez nous.

Albert Dumont, le Balkan et l'Adriatique.

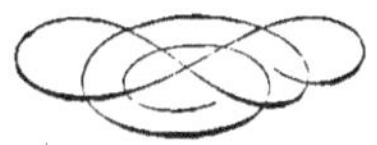

LE BOSPHORE ET CONSTANTINOPLE

Depuis l'entrée du Bosphore jusqu'à Constantinople, le spectacle change, le paysage se modifie; mille points de vue différents s'offrent successivement aux yeux. Une population immense
répandue sur les rives; des maisons légèrement bâties, il est vrai,
mais d'une architecture pittoresque et jolie, bizarre quelquefois,
toujours élégante; une végétation qui montre ce que la nature
produirait si la main de l'homme venait diriger ses efforts;
un soleil brillant dont les rayons ont un éclat extraordinaire,
un mouvement de barques prodigieux : voilà ce qu'on ne peut
se lasser de contempler.

A peine entré dans le Bosphore, on se trouve en face de
Buyukdéré. Ce village est situé à la partie orientale d'un petit
golfe intérieur, dont Thérapia occupe la partie opposée. Ces
deux villages, semés de maisons de campagne, sont le séjour
d'été de tout le corps diplomatique. A partir de ce point, la population riveraine va toujours en augmentant, et les bords du canal
ne cessent de s'embellir...

Enfin, on arrive à la hauteur de Tophana, de Galata, et en face de la ville de Constantinople. On voit l'entrée du port, connue du temps de l'empire grec sous le nom de Corne-d'Or; on contemple l'entrée de la mer de Marmara, qui est une eau captive, une mer intérieure, une propriété turque. On aperçoit cette côte d'Asie si vénérée des musulmans et si riche en tombeaux.

Si l'aspect du Bosphore, à Constantinople, dépasse toutes les facultés de l'imagination; si l'on croit entrer dans la ville capitale du monde, que l'illusion disparaît vite devant la réalité! Une population misérable; des rues étroites, infectes, à moitié dépavées; des maisons de bois petites et basses; des cafés nombreux, où une multitude de fainéants passent leur vie à fumer et à dormir; des tombeaux accumulés dans les intervalles qui séparent les quartiers; d'autres placés dans les endroits même les plus habités; des morts associés aux vivants; une foule d'animaux immondes, rebut de la création, n'appartenant à personne et qu'on prendrait pour les maîtres des lieux : voilà le spectacle qui partout vous afflige.

Entré dans la maison que l'on doit habiter, d'autres sensations pénibles viennent vous assaillir. On vous avertit que si, la nuit, le feu prend dans le quartier, il y a un refuge dans tel couvent voisin, ou dans telle maison bâtie de pierre. Ainsi l'incendie est habituel, il doit être prévu; il est une des conditions de la vie à Constantinople.

De Raguse, Voyage en Hongrie, etc.

ASPECT PHYSIQUE ET MORAL DE CONSTANTINOPLE

Devant moi le canal de la mer Noire serpentait entre des collines riantes, ainsi qu'un fleuve superbe. J'avais à droite la terre d'Asie et la ville de Scutari; la terre d'Europe était à ma gauche : elle formait, en se creusant, une large baie pleine de grands

Le Bosphore et Constantinople.

navires à l'ancre et traversée par d'innombrables petits bateaux. Cette baie, renfermée entre deux coteaux, présentait en regard et en amphithéâtre Constantinople et Galata.

L'immensité de ces trois villes étagées, Galata, Constantinople et Scutari; les cyprès, les minarets, les mâts des vaisseaux qui s'élevaient et se confondaient de toutes parts; la verdure des arbres, les couleurs des maisons blanches et rouges; la mer qui étendait sous ces objets sa nappe bleue, et le ciel qui déroulait au-dessus un autre champ d'azur : voilà ce que j'admirais. On n'exagère point quand on dit que Constantinople offre le plus beau point de vue de l'univers.

Nous abordâmes à Galata. Je remarquai sur-le-champ le mouvement des quais, et la foule des porteurs, des marchands et des mariniers; ceux-ci annonçaient, par la couleur diverse de leurs visages, par la différence de leurs langages, de leurs habits, de leurs chapeaux, de leurs bonnets, de leurs turbans, qu'ils étaient venus de toutes les parties de l'Europe et de l'Asie habiter cette frontière des deux mondes. L'absence presque totale des femmes, le manque de voitures à roues, et les meutes de chiens sans maîtres, furent les trois caractères distinctifs qui me frappèrent d'abord dans l'intérieur de cette ville extraordinaire.

Chateaubriand, Itinéraire de Paris à Jérusalem.

LES ALBANAIS

L'Albanais a une parfaite distinction, la tête petite, le nez fin, l'œil vif, ouvert en amande, le cou long, le corps maigre, les jambes hautes et nerveuses : il rappelle le type premier du Grec, tel que la sculpture archaïque l'a représenté sur les marbres d'Égine. Sa démarche est élégante, il prend plaisir à composer son maintien; il y met une véritable recherche, et par là, malgré l'état inculte où il est encore, il montre qu'il a le sentiment du beau et de l'harmonie. Il n'est pas jusqu'au costume qui ne fasse souvenir de l'antiquité. La fustanelle blanche rappelle ce que devait être la tunique plissée à la ceinture; les grandes guêtres qui enveloppent les jambes jusqu'aux genoux sont les cnémides de l'âge héroïque. Le costume n'est pas étoffé et flottant comme à la belle époque grecque, mais on voit bien, par les vases d'ancien style, que les Hellènes d'autrefois n'avaient pas sur ce point les habitudes des contemporains de Périclès. Une tunique ample et un manteau plus ample, qui se prêtaient aux dispositions les plus élégantes, devinrent par la suite d'un usage général.

Le caractère des Albanais, la forme primitive des sentiments qu'ils éprouvent, des idées qu'ils conçoivent, expliquent les usages de ce peuple. Ces sentiments, comme ces idées, sont très-peu nombreux. Il semble que l'instinct ait seul une influence sur ces hommes; la réflexion, le raisonnement, qui permettent de s'élever à des principes généraux de conduite, leur sont inconnus. Ils cèdent au premier mouvement sans en prévoir les conséquences; s'ils sont bons, c'est par un penchant de nature, sans croire que cette bonté leur crée des titres à la reconnaissance, sans que la bienveillance des autres à leur égard leur impose de longs souvenirs. On peut dire d'eux ce que Tacite disait des Germains : « Ils reçoivent les présents sans penser qu'ils doivent en garder la mémoire; ils les donnent sans exiger en retour que vous en soyez reconnaissant. » Ils donnent et ils oublient de même : heureux de donner, heureux de recevoir, comme des enfants qui agissent sans se rendre compte de ce qu'ils font ou de ce qu'ils éprouvent, sans que l'impression agréable laisse de traces après le court instant où cette nature simple l'a subie. C'est là un caractère commun à toutes les races primitives, et que les voyageurs ont souvent constaté chez les tribus du nouveau monde.

Albert Dumont, le Balkan et l'Adriatique

Paysans albanais

LA VALLÉE DE TEMPÉ

Qu'on se figure, non pas comme l'imagination le suppose
volontiers au nom seul de la vallée de Tempé, un de ces frais
paysages qui n'éveillent que des idées gracieuses, mais le spectacle le plus imposant qu'il soit donné à l'homme de contempler.
Sans doute, il y a là aussi des ombrages, des arbres sur le bord
d'un fleuve, des prairies, des eaux jaillissantes, tout ce qu'on a
rêvé sur la foi des poëtes; mais qu'on n'oublie pas le principal
trait du tableau, ce qui en fait l'incomparable beauté : cette vallée
si riante est un étroit défilé entre deux montagnes gigantesques,
l'Ossa et l'Olympe, séparées par un tremblement de terre.

Tout y porte la trace d'un ancien bouleversement du globe :
les rochers sont brisés, déchirés; aucune des hauteurs n'offre
ces formes achevées et arrondies qui indiquent que l'œuvre première de la nature est restée complète. En plus d'un endroit, la
montagne semble avoir été fendue dans toute sa hauteur; et sur
les murailles à pic, qui s'élèvent de chaque côté du fleuve, se
voit l'empreinte ineffaçable de la main de Neptune « *qui ébranle
la Terre* ». Des parois tout entières se correspondent et s'adap-
teraient encore d'une rive à l'autre, si l'on pouvait supprimer la
distance qui les sépare. C'est bien là l'effet d'une grande convul-
sion du globe. Par ce passage brusquement ouvert, s'est précipité
le Pénée, grossi des eaux de la plaine, qu'il porte au golfe
Thermaïque.

A la vue des roches brisées de l'Ossa et de l'Olympe, au pied
de ces sommets mutilés, on se rappelle et l'on comprend cette
fable du combat des dieux et des géants, qui consacre évidemment le souvenir d'un grand cataclysme. La poésie grecque
n'invente pas : elle traduit fidèlement, dans un langage figuré,
les impressions des peuples primitifs; sous un voile allégorique,
elle cache des traditions vraies. Ces dieux qui lancent la foudre
du haut de l'Olympe, ces centimanes qui écrasent les géants sous

des quartiers de roches, ces fils de la Terre qui essayent d'escalader le ciel et qui entassent Pélion sur Ossa, n'ont-ils pas
personnifié la lutte des éléments, lutte terrible, accompagnée
de secousses et de bruits souterrains.

A. Mézières, Mémoire sur le Pélion et l'Ossa.

LA ROUMANIE

Le peuple roumain, héritier du grand nom des conquérants
de l'ancien monde, est un des plus curieux de la terre, à cause
de son origine et de la position isolée qu'il occupe à l'orient de
toutes les races latinisées. Du côté de l'Asie, c'est le groupe le
plus avancé de ces nations de langue latine qui peuplent la plus
grande partie de l'Europe occidentale et possèdent plus de la
moitié du continent américain. Il y a peu d'années encore, ce
groupe était presque entièrement ignoré. En le voyant perdu au
milieu des populations les plus diverses de races et d'idiomes,
on était tenté de le confondre avec elles en un même chaos;
mais les graves événements qui se sont accomplis depuis le
milieu du siècle dans le bassin du bas Danube, ont fini par attirer
l'attention sur les Roumains, et l'on sait maintenant qu'ils se
distinguent absolument de leurs voisins les Serbes, les Bulgares,
les Szeklers, les Turcs, les Grecs et les Russes. On sait aussi
que leur importance est grande dans l'ethnologie générale de
l'Europe orientale, et que, du moins par le nombre, ils occupent
le premier rang, après les Slavo-Bulgares, parmi les nations
danubiennes. Si la confédération de l'Europe orientale doit
se constituer un jour, c'est dans la Roumanie que se trouvera
le centre naturel de ce groupe nouveau des peuples.

Élisée Reclus, Nouvelle Géographie universelle.

GRÈCE ET MÉDITERRANÉE

LA GRÈCE. — IMPRESSION GÉNÉRALE

Les rivages du Péloponnèse se détachent et s'articulent; ils
sortent du brouillard flottant qui les enveloppe. Ces rivages me
semblent très-bien dessinés par la nature : grandes coupes de
montagnes et gracieuse ondulation de lignes. J'ai peine à en
détacher mes regards. La scène est vide, mais pleine du passé;
la mémoire peuple tout! Ce groupe noirâtre de collines, de caps,
de vallées, que l'œil embrasse tout entier d'ici, comme une petite
île sur l'Océan, et qui n'est qu'un point sur la carte, a produit
à lui seul plus de bruit, plus de gloire, plus d'éclat, plus de vertus
et plus de crimes que des continents tout entiers. Ce monceau
d'îles et de montagnes d'où sortaient presque à la fois Miltiade,
Léonidas, Thrasybule, Épaminondas, Démosthène, Alcibiade,
Périclès, Platon, Aristide, Socrate, Phidias, cette terre qui dévorait
les armées de deux millions d'hommes de Xerxès, qui envoyait
ses colonies à Byzance, en Asie, en Afrique, qui créait ou renouve-
lait les arts de l'esprit et les arts de la main, et les poussait en un
siècle et demi jusqu'à ce point de perfection où ils deviennent
types et ne sont plus surpassés; cette terre, dont l'histoire est
notre histoire, dont l'Olympe est encore le ciel de notre imagination; cette terre d'où la philosophie et la poésie ont pris leur vol
vers le reste du globe, et où elles reviennent sans cesse comme
des enfants à leur berceau : la voilà! Chaque flot me porte vers
elle; j'y touche. Son apparition m'émeut profondément bien
moins pourtant que si tous ces souvenirs n'étaient pas flétris
dans ma pensée à force de m'avoir été ressassés dans la mémoire avant que ma pensée les comprît. La Grèce est pour moi

comme un livre dont les beautés sont ternies parce qu'on nous
l'a fait lire avant de pouvoir le comprendre.

Cependant tout n'est pas désenchanté. Il y a encore, à tous ces
grands noms, un reste d'écho dans mon cœur; quelque chose de
saint, de doux, de parfumé, monte avec ces horizons dans mon
âme. Je remercie Dieu d'avoir vu, en passant sur cette terre,
ce pays des *faiseurs de grandes choses*, comme Épaminondas
appelait sa patrie.

LAMARTINE, Voyage en Orient.

L'ATTIQUE

Nous découvrions la plaine d'Athènes. La pluie avait cessé, les
nuages avaient disparu comme par enchantement, et le ciel était
aussi pur que notre ciel de France dans les plus belles journées
de juillet. L'eau de la mer était d'un bleu pur, doux, sombre et
profond; elle glissait sur les deux flancs du navire comme
un velours épais largement chiffonné. Nous courions au milieu
de ce golfe, le plus illustre du monde, qui vit naître et fleurir
Athènes, Éleusis, Mégare, Corinthe, Égine, toutes les gloires de
la Grèce. Nous laissions derrière nous l'île d'Égine et les montagnes de la Morée, dont les sommets de neige se découpaient
nettement sur le ciel; les rochers de Salamine se dressaient à
notre gauche, aussi nus et aussi stériles que les rivages du Magne,
et devant nous s'ouvrait une plaine de six lieues de long sur dix
de large : c'est la plaine d'Athènes. Elle est fermée d'un côté par
l'Hymette, une triste montagne aux formes rondes et molles, aux
couleurs ternes et grises.

En face de l'Hymette, se dresse le Parnès, qu'on dirait découpé
par un paysagiste, tant les lignes en sont pures, tant le dessin en
est hardi, tant les sapins qui le hérissent et la grande crevasse
qui le coupe par le milieu lui donnent une sauvage et franche
originalité. Entre ces deux montagnes, au fond de la plaine,

Athènes et le mont Hymette, vue du mont Saint-Élie.

s'allonge, en forme de fronton, le Pentélique, qui a fourni et qui pourrait fournir encore le plus beau de tous les marbres statuaires. Au milieu de la plaine, s'élèvent quelques rochers qui enveloppent et protégent la ville : c'est le Lycabète, le Musée, l'Aréopage, et surtout l'Acropole, le plus beau et le plus célèbre de tous.

EDMOND ABOUT, la Grèce contemporaine.

LES GRECS

Les qualités d'esprit sont restées les mêmes qu'au temps d'Homère : même aptitude à tout comprendre bien et vite, même facilité à tout exprimer élégamment et métaphoriquement. Ces qualités donnent aux Hellènes une supériorité si grande sur les autres races de l'Orient, qu'ils ne sont aimés d'aucune. Les Turcs leur reprochent d'être défiants et dissimulés, parce qu'ils ont opposé la ruse à la force ; les Levantins les accusent de mauvaise foi dans les relations commerciales, parce qu'ils ont pris modèle sur eux, et qu'ils ont souvent surpassé leurs maîtres. Ils ne sont pas plus sympathiques aux autres nations méditerranéennes. Sérieux et réfléchis, ils ignorent la raillerie, ainsi que le ton rapide du drame. La douleur suit chez eux le sentier tranquille de l'élégie.

Les Grecs ont conservé l'intonation tragique, et sont bien les fils de ce furieux Oreste, mort à plus de quatre-vingt-dix ans des suites d'un accident. Dans leur esprit, l'action marche toujours avec lenteur et gravité, non sans emphase, quoique serrant de près la réalité, dialoguant, questionnant et se donnant le temps de la réflexion avant d'arriver au dénoûment. On est stupéfait de ces tendances analytiques et prévoyantes, même chez les plus ignorants. C'est le peuple qui sait le mieux écouter ; c'est celui qui parle le moins, tout en parlant beaucoup.

PROUST, dans le Tour du monde.

LA MÉDITERRANÉE

Combien il y a de voix confuses et lointaines dans le bruit qui vient de la Méditerranée! Que de civilisations ont sillonné cette mer! Que de pavillons y ont échangé des signaux! Que d'événements s'y sont dénoués! Que d'histoires s'y sont abîmées! C'est par ce chemin que nous est venue la pensée.

L'Océan n'a point de passé : la Méditerranée ne cesse d'en avoir que quand il n'y a plus de nations pour en écrire les annales. La Méditerranée a dévoré des générations et des empires; elle a fourni des champs de bataille à toutes les nations du monde et des tombeaux à tous les vaincus; elle a aidé toutes les civilisations ennemies à s'entre-détruire, et souvent elle a vidé d'elle-même la querelle en faisant passer son flot sur les combattants.

Et puis toutes les poésies ont pris naissance sur ses rivages, et ont glissé sur son onde caressante; elle les a portées d'un pays à l'autre, et les a déposées sur toutes les rives où il avait été décidé dans les desseins de Dieu qu'elles en feraient germer et fleurir d'autres. L'Océan ne baigne que des peuples sans ancêtres ou des civilisations stationnaires et pétrifiées, ou des peuples de sauvages dont tout le passé et tout l'avenir sont d'y jeter leurs filets de père en fils; mais il y a dans le grand Océan l'inconnu, l'infini, des plages où l'homme n'a pas encore passé, où peut-être il ne passera jamais, à la différence de la Méditerranée, qui n'a pas dans son sein la place d'une barque où l'homme ne puisse se vanter d'avoir passé.

D. Nisard, Mélanges

HORS D'EUROPE

———

ASIE

LE SITE ET LA VILLE DE JÉRUSALEM

Entre la vallée du Jourdain et les plaines de l'Idumée, s'étend
une chaîne de montagnes qui commence aux champs fertiles de
la Galilée et va se perdre dans les sables de l'Yémen. Au centre
de ces montagnes se trouve un bassin aride, fermé de toutes parts
par des sommets jaunes et rocailleux ; ces sommets ne s'entr'ouvrent qu'au levant pour laisser voir le gouffre de la mer Morte et
les montagnes lointaines de l'Arabie. Au milieu de ce paysage de
pierres, sur un terrain inégal et penchant, dans l'enceinte d'un
mur jadis ébranlé sous les coups du bélier et fortifié par des
tours qui tombent, on aperçoit de vastes débris ; des cyprès
épars, des buissons d'aloès et de nopals, quelques masures
arabes pareilles à des sépulcres blanchis, recouvrent ces amas
de ruines : c'est la triste Jérusalem.

Entrez dans la ville, rien ne vous consolera de la tristesse
extérieure. Vous vous égarez dans de petites rues non pavées,
qui montent et descendent sur un sol inégal, et vous marchez
dans des flots de poussière ou parmi des cailloux roulants. Des
toiles jetées d'une maison à l'autre augmentent l'obscurité de ce
labyrinthe ; des bazars voûtés et infects achèvent d'ôter la lumière
à la ville désolée ; quelques chétives boutiques n'étalent aux yeux
que la misère.

Chateaubriand, Itinéraire de Paris à Jérusalem.

VUE DU LIBAN

Le Liban, dont le nom doit s'étendre à toute la chaîne du Kesraouân et du pays des Druses, présente tout le spectacle des grandes montagnes. On y trouve à chaque pas ces scènes où la nature déploie tantôt de l'agrément ou de la grandeur, tantôt de la bizarrerie, toujours de la variété. Arrive-t-on par la mer et descend-on sur le rivage, la hauteur et la rapidité de ce rempart qui semble fermer la terre, le gigantesque des masses qui s'élancent dans les nues, inspirent l'étonnement et le respect. Si l'observateur curieux se transporte ensuite jusqu'à ces sommets qui bornaient sa vue, l'immensité de l'espace qu'il découvre devient un autre sujet de son admiration.

Mais, pour jouir entièrement de la majesté de ce spectacle, il faut se placer sur la cime même du Liban ou du Sannin. Là, de toutes parts, s'étend un horizon sans bornes; là, par un temps clair, la vue s'égare et sur le désert qui confine au golfe Persique, et sur la mer qui baigne l'Europe : l'âme croit embrasser le monde. Tantôt les regards, errant sur la chaîne successive des montagnes, portent l'esprit, en un clin d'œil, d'Antioche à Jérusalem; tantôt, se rapprochant de tout ce qui les environne, ils sondent la lointaine profondeur du rivage; enfin l'attention, fixée par des objets distincts, observe avec détail les rochers, les bois, les torrents, les coteaux, les villages et les villes. On prend un plaisir secret à trouver petits ces objets qu'on a vus si grands. On regarde avec complaisance la vallée couverte de nuées orageuses, et l'on sourit d'entendre sous ses pas ce tonnerre qui gronda si longtemps sur la tête; on aime à voir à ses pieds ces sommets, jadis menaçants, devenus dans leur abaissement semblables aux sillons d'un champ ou aux gradins d'un amphithéâtre; on est flatté d'être devenu le point le plus élevé de tant de choses, et l'orgueil les fait regarder avec plus de complaisance.

VOLNEY, Voyage en Sirie.

Vue du Liban. — Beyrouth.

BALBEK

A l'horizon encore éloigné devant nous, sur les derniers degrés des montagnes noires de l'Anti-Liban, un groupe immense de ruines jaunes, doré par le soleil couchant, se détachait de l'ombre des montagnes, et se répercutait des rayons du soir. Nos guides nous le montraient du doigt, et s'écriaient : Balbek! Balbek! C'était en effet la merveille du désert, la fabuleuse Balbek, qui sortait tout éclatante de son sépulcre inconnu, pour nous raconter des âges dont l'histoire a perdu la mémoire. Nous avancions lentement au pas de nos chevaux fatigués, les yeux attachés sur les murs gigantesques, sur les colonnes éblouissantes et colossales, qui semblaient s'étendre, grandir, s'allonger, à mesure que nous approchions : un profond silence régnait dans toute notre caravane ; chacun aurait craint de perdre une expression de cette heure en communiquant celle qu'il venait d'avoir. Les Arabes mêmes se taisaient, et semblaient recevoir aussi une forte et grave pensée de ce spectacle qui nivelle toutes les pensées. Enfin, nous touchâmes aux premiers tronçons de colonnes, aux premiers blocs de marbre, que les tremblements de terre ont secoués jusqu'à plus d'un mille des monuments mêmes, comme les feuilles sèches jetées et roulées loin de l'arbre après l'ouragan.

LAMARTINE, Voyage en Orient.

LES RUINES DE PALMYRE

Le soleil venait de se coucher, un bandeau rougeâtre marquait encore sa trace à l'horizon lointain des monts de la Syrie ; la pleine lune, à l'orient, s'élevait sur un fond bleuâtre aux planes rives de l'Euphrate ; le ciel était pur, l'air calme et serein. L'éclat

mourant du jour tempérait l'horreur des ténèbres ; la fraîcheur
naissante de la nuit calmait les feux de la terre embrasée ; les
pâtres avaient retiré leurs chameaux ; l'œil n'apercevait plus
aucun mouvement sur la plaine monotone et grisâtre. Un vaste
silence régnait sur le désert ; seulement, à de longs intervalles,
on entendait les lugubres cris de quelques oiseaux de nuit et de
quelques chacals... L'ombre croissait, et déjà, dans le crépus-
cule, mes regards ne distinguaient plus que les fantômes blan-
châtres des colonnes et des murs... Ces lieux solitaires, cette
soirée paisible, cette scène majestueuse, imprimèrent à mon
esprit un recueillement religieux : l'aspect d'une grande cité
déserte, la mémoire des temps passés, la comparaison de l'état
présent, tout élevait mon cœur à de hautes pensées. Je m'assis
sur le tronc d'une colonne, et là, le coude appuyé sur le genou,
la tête soutenue sur la main, tantôt portant mes regards sur le
désert, tantôt les fixant sur les ruines, je m'abandonnai à une
rêverie profonde.

Ici, me dis-je, ici fleurit une ville opulente ; ici fut le siége
d'un empire puissant. Oui, ces lieux, maintenant si déserts, jadis
une multitude vivante animait leur enceinte, une foule active
circulait dans ces routes aujourd'hui solitaires ; en ces murs, où
règne un morne silence, retentissaient sans cesse le bruit des
arts et les cris d'allégresse et de fêtes ; ces colonnes abattues
ornaient la majesté des temples ; ces galeries écroulées dessi-
naient les places publiques !

Et maintenant, voilà ce qui subsiste de cette ville puissante,
un lugubre squelette ! Voilà ce qui reste d'une vaste domination,
un souvenir obscur et vain ! Au concours bruyant qui se pressait
sous ces portiques a succédé une solitude de mort. Le silence
des tombeaux s'est substitué au murmure des places publiques.
L'opulence d'une cité de commerce s'est changée en une pauvreté hideuse. Les palais des rois sont devenus le repaire des
bêtes fauves ; les troupeaux parquent au seuil des temples, et les
reptiles immondes habitent le sanctuaire des dieux !

Ah ! comment s'est éclipsée tant de gloire ! Comment se sont anéantis tant de travaux!... Ainsi donc périssent les ouvrages des hommes! ainsi s'évanouissent les empires et les nations!

VOLNEY, les Ruines.

L'ARABIE PÉTRÉE

Qu'on se figure un pays sans verdure et sans eau, un soleil brûlant, un ciel toujours sec, des plaines sablonneuses, des montagnes encore plus arides, sur lesquelles l'œil s'étend et le regard se perd sans pouvoir s'arrêter sur aucun objet vivant ; une terre morte et pour ainsi dire écorchée par les vents, laquelle ne présente que des ossements, des cailloux jonchés, des rochers debout ou renversés ; un désert entièrement découvert, où le voyageur n'a jamais respiré sous l'ombrage, où rien ne l'accompagne, rien ne lui rappelle la nature vivante : solitude absolue, mille fois plus affreuse que celle des forêts ; car les arbres sont encore des êtres pour l'homme qui se voit seul. Plus isolé, plus dénué, plus perdu dans ces lieux vides et sans bornes, il voit partout l'espace comme un tombeau ; la lumière du jour, plus triste que l'ombre de la nuit, ne renaît que pour éclairer sa nudité, son impuissance, et pour lui présenter l'horreur de sa situation, en reculant à ses yeux les barrières du vide, et en étendant autour de lui l'abîme de l'immensité qui le sépare de la terre habitée ; immensité qu'il tenterait en vain de parcourir, car la faim, la soif et la chaleur brûlante pressent tous les instants qui lui restent entre le désespoir et la mort.

BUFFON, Histoire naturelle.

LES MONTS ALTAÏ

..... En quittant les bords de l'Altin-koul, le lac d'Or, qui n'ont rien à envier aux plus beaux paysages des Alpes Helvétiennes, nous passâmes dans la vallée de la Katoumia, et nous

Plateau et steppe.

fimes dans les montagnes une pointe de 1100 kilomètres. Il nous fallut chevaucher pendant trois semaines le long de chemins effrayants et dont le niveau dépassait souvent les dernières limites de la végétation. Je n'oublierai jamais la région que nous

traversâmes au delà de la rivière Koksa. Elle était d'une sauvage
grandeur, mais offrait le sol le plus accidenté et le plus rugueux.
C'étaient des plateaux sans fin, des crêtes succédant à des crêtes.
Sur la pente, péniblement gravie de chacune, je me disais :
« Ce sera la dernière »; puis, de l'autre côté, je retrouvais les
mêmes interminables obstacles ; un autre plateau et une autre
crête. Mais enfin la vue que nous réservait le plus haut de ces
escarpements nous paya de toutes nos peines... Le Bielouka
se dressait devant nous dans toute sa majesté, le front ceint
de glaces éternelles, que le soleil à son déclin frappait d'or, de
pourpre et de vermeil. Au milieu des sommités neigeuses qui
l'entouraient comme d'humbles vassales, ce géant de l'Altaï pouvait être comparé à un rubis enchâssé dans un cercle de diamants. La beauté de cette scène me plongea dans une admiration
profonde, et nos guides mêmes, ces hommes grossiers, se dressant sur leurs étriers pour mieux la contempler, laissèrent
échapper à plusieurs reprises cette exclamation : *Slavonié !
Slavonié !* glorieux ! glorieux !

Mistress ATKINSON, dans la Sibérie de F. DE LANOYE.

ASIE CENTRALE. — BOKHARA

La « *noble Bokhara* », par l'irrégularité de ses rues, le déla-
brement de ses édifices, reste bien au-dessous de la moindre
cité persane : une couche épaisse de poussière lui donne le plus
misérable aspect; mais je n'en fus pas moins surpris en me
trouvant, pour la première fois, au milieu de la foule qui
encombre son principal bazar.

Ces marchés, à Bokhara, n'ont pas l'éclat et la magnificence
de ceux qu'on voit à Téhéran, à Ispahan et à Tebriz. Néanmoins
la diversité des races et des costumes qu'on y rencontre offre un

spectacle très-frappant aux regards d'un étranger. Parmi la multitude mobile dont il est entouré, les types de l'Iran se retrouvent à chaque pas : têtes fines, coiffées d'un turban blanc ou bleu, suivant qu'il s'agit d'un homme bien né, d'un mollah, ou d'un négociant, d'un ouvrier, d'un domestique. C'est ensuite la physionomie tartare qui prédomine. Nous la rencontrons à tous ses degrés, depuis l'Ouzbek, dont le sang est fréquemment mélangé, jusqu'au Kirghiz, qui a fidèlement conservé l'empreinte farouche de son origine. Pour reconnaître ce dernier, il n'est pas besoin de le regarder au visage, son allure ferme et pesante le distingue, à elle seule, du Tourani et de l'Irani. Mêlés aux représentants des deux principales races de l'Asie, vous remarquerez çà et là quelques Indiens (appelés ici Moultani) et quelques Israélites, en plus petit nombre. Les uns et les autres portent une ceinture de corde et un bonnet polonais qui les empêchent d'être confondus avec le reste. L'Indien, avec sa marque rouge au front, sa figure jaune et repoussante, pourrait fort bien servir d'épouvantail aux corbeaux dans les champs de riz ; le Juif, aux traits nobles et réguliers, à l'œil plein d'éclairs, fournirait à nos artistes les plus difficiles un modèle digne d'eux. On reconnaît aussi, à l'audace et au feu de leur regard, les Turkomans, peut-être occupés à calculer le chiffre des dépouilles qu'un de leurs *alaman* trouverait dans les magasins étalés sous leurs yeux. Quelques Afghans, mais en petit nombre. Ceux de la caste inférieure, laissant ruisseler sur leurs longues chemises malpropres une chevelure inculte, jettent en travers de leurs épaules une pièce d'étoffe qui rappelle la toge romaine; mais ils n'en ont pas moins l'air de ces malheureux que l'incendie a chassés de leurs maisons, et qui se précipitent dans la rue sans avoir pris le temps de s'habiller.

Arminius Vambéry, *Voyage d'un faux derviche dans l'Asie centrale,*
trad. de E. D. Forgues.

Dehli, porte principale du palais.

INDE. — DEHLI

Le nom de Dehli brille avec un éclat incomparable dans l'histoire de l'Inde et de l'Asie entière. En lui se concentrent toutes les splendeurs, tous les fastes de ce pays, dont la renommée lointaine suffit à enivrer pendant de longs siècles le monde européen, et, surexcitant l'ardeur des aventuriers, lança Colomb sur la route du nouveau monde, puis amena Vasco de Gama à affronter toutes les horreurs du cap des Tempêtes.

Il n'y a qu'une ville au monde qui puisse disputer tant de gloire à Dehli; cette ville, c'est Rome, la capitale du vieux monde européen, comme Dehli fut pendant tant de siècles celle du monde asiatique. Et encore Rome, la ville éternelle, ainsi qu'elle s'intitule orgueilleusement, peut à peine se mesurer, avec ses vingt-six siècles, à la fière Indrapîchta, capitale de l'empire aryen quinze ou vingt siècles avant notre ère.

Le palais impérial est une vaste citadelle aux hauts remparts de grès rose, occupant presque en entier la partie orientale de la ville. Les murailles, construites en grand appareil, dominent un large fossé, en partie masqué par des ouvrages de terre. Ces fortifications, véritable monument artistique, formidables autrefois, insignifiantes aujourd'hui, sont de la meilleure époque du grand art indo-musulman, du règne de Chahdjihân. Ce palais fut longtemps la merveille du monde, le réceptacle de l'éblouissante splendeur asiatique. A peine avait-on pénétré dans son enceinte, que le spectacle devenait féerique : des palais aux murs de marbre semblables à l'ivoire, encadrant des cours dallées, égayées par de nombreux bassins et des bosquets d'orangers et d'arbres précieux, laissaient apercevoir à travers leurs arcades dentelées de véritables ruissellements d'or, d'argent et de pierres précieuses.

Que les temps sont changés, et combien le tableau qui frappe ma vue est différent! Des soldats anglais, coiffés d'un grotesque casque de paille tressée, vêtus d'une sorte de jaquette de marmiton, remplissent le vaste corps de garde, et leur voix gutturale ébranle rudement l'ogive des voûtes. De laides casernes obstruent de tous côtés l'horizon.

Louis Rousselet, *l'Inde des Rajahs.*

LES ARGHILAHS, CIGOGNES A SAC (A CALCUTTA)

Il n'est pas de spectacle qui frappe plus le nouvel arrivant à Calcutta que de voir les arghilahs, ces oiseaux grands comme des hommes, se promener gravement parmi la foule qui encombre les rues, ou garnir de leur fantastique silhouette le sommet de tous les édifices. Leur tête chauve, galeuse, percée de deux petits yeux ronds et rouges, supporte un bec énorme, pointu, en cornet, capable d'engouffrer un poulet entier et muni d'une poche violacée qui sert d'antichambre au puissant estomac. Placez cette tête enfoncée entre les épaules d'un corps blanc sur lequel viennent se rabattre deux ailes à bandes noires, semblables à des bras croisés derrière le dos ; posez ce corps sur deux jambes jaunes d'une respectable longueur, et vous aurez l'arghilah, que la science a baptisé du nom vulgaire de cigogne à sac.

Le public, frappé par la gravité de sa démarche et l'air penseur de son crâne dénudé, lui a donné le nom plus pittoresque de philosophe ou d'adjudant. Ces philosophes sont un bienfait pour Calcutta ; leur œil investigateur ne laisse jamais séjourner un instant dans la cité la moindre immondice. Sous ce climat humide et chaud, avec la saleté native des habitants pauvres, et dans une ville aussi considérable, si l'on n'avait pas de pareils auxiliaires, tous les soins ne suffiraient pas à tenir les rues dans un état de salubrité même médiocre.

Les arghilahs ne sont, du reste, que les commandants de la

vaste armée des nettoyeurs patentés de Calcutta, qui se compose
de plusieurs milliers de vautours, de buses, de milans, de gy-
paètes, de cigognes et de corbeaux; mais tout ce monde tremble
devant leur terrible bec, et les meilleurs morceaux sont réservés
à leur prodigieux estomac. La voracité de l'arghilah est en effet
extraordinaire : à demi repu, on le voit souvent happer au passage quelque corbeau impertinent et le faire disparaître, malgré
ses protestations, dans la vaste poche où, après quelques instants
de tumulte, le travail de la digestion commence sur-le-champ
à s'opérer.

Ces oiseaux quittent Calcutta tous les ans, au moment de la
ponte, pour trois mois; mais au bout de ce temps, ils reviennent
fidèlement occuper, chacun, le poste qui lui appartient, ce qu'on
a pu constater au moyen de colliers dont on a muni quelques-
uns d'entre eux. Un de ces porteurs de colliers monte la garde
depuis trente ans sur le palais du vice-roi.

Louis Rousselet, l'Inde des Rajahs.

RUINES DU TEMPLE D'ANGKOR-WAT (AU CAMBODGE)

Au delà d'un large espace dégagé de toute végétation forestière, s'élève une immense colonnade surmontée d'un faîte voûté
et couronnée de cinq hautes tours. La plus grande surmonte
l'entrée, les quatre autres les angles de l'édifice; mais toutes
sont percées, à leur base, en manière d'arc de triomphe. Sur
l'azur profond du ciel, sur la verdure intense des forêts de l'ar-
rière-plan de cette solitude, ces grandes lignes d'une architecture élégante et majestueuse me semblèrent, au premier abord,
dessiner les contours gigantesques du tombeau de toute une
race morte! . . . .
En effet, peut-on s'imaginer tout ce que l'art architectural

a peut-être jamais édifié de plus beau, transporté dans la profondeur de ces forêts, dans un des pays les plus reculés du monde, inconnu, désert, où les traces des animaux sauvages ont effacé celles de l'homme, où ne retentissent guère que le rugissement des tigres, le cri rauque des éléphants et le brame des cerfs?

Nous mîmes une journée entière à parcourir ces lieux, et nous marchions de merveille en merveille, dans un état d'extase toujours croissant.

Une chaussée traversant un large fossé revêtu d'un mur de soutenement très-épais conduit à la colonnade, qui n'est qu'une entrée, mais une entrée digne du grand temple. De près, la beauté, le fini et la grandeur des détails l'emportent de beaucoup encore sur l'effet gracieux du tableau vu de loin et sur celui de ces lignes imposantes.

A la vue de ce temple, l'esprit se sent écrasé, l'imagination surpassée; on regarde, on admire, et, saisi de respect, on reste silencieux : car où trouver des paroles pour louer une œuvre architecturale qui n'a peut-être pas, qui n'a peut-être jamais eu son équivalent sur le globe?

L'or, les couleurs, ont presque totalement disparu de l'édifice, il est vrai; il n'y reste que des pierres, mais que ces pierres parlent éloquemment! Comme elles proclament haut le génie, la force et la patience, le talent, la richesse et la puissance des « *Khmerdôm* » ou Cambodgiens d'autrefois!

Qui nous dira le nom de ce Michel-Ange de l'Orient qui a conçu une pareille œuvre, en a coordonné toutes les parties avec l'art le plus admirable, en a surveillé l'exécution de la base au faîte, harmonisant l'infini et la variété des détails avec la grandeur de l'ensemble, et qui, non content encore, a semblé chercher partout des difficultés pour avoir la gloire de les surmonter et de confondre l'entendement des générations à venir?

Lorsqu'au soleil couchant, mon ami et moi nous parcourions lentement la superbe chaussée qui joint la colonnade au temple, ou qu'assis en face du superbe monument principal, nous considérions, sans nous lasser jamais ni de les voir, ni d'en parler, ces glorieux restes d'une civilisation qui n'est plus, nous éprouvions au plus haut degré cette sorte de vénération, de saint respect que l'on ressent auprès des hommes de grand génie ou en présence de leurs créations.

HENRY MOUHOT, *Voyage dans les royaumes de Siam, de Cambodge et de Laos*, rédigé et abrégé par F. de Lanoye.

SINGAPOUR

Un des lieux les plus intéressants qu'un voyageur venu d'Europe puisse visiter dans l'Indo-Chine, c'est la ville de Singapour, bâtie sur un îlot qui fait face à l'extrémité sud de la presqu'île de Malacca. Il est difficile de rencontrer un mélange plus curieux de races, de religions, de mœurs, de langues. Le gouverneur, la garnison, les principaux marchands, sont des Anglais, mais le gros de la population est formé par les Chinois, qui se livrent au commerce, aux métiers et à la culture des champs. Les Malais sont ici pêcheurs et marins; c'est aussi parmi eux que se recrute la police. Les palefreniers et les blanchisseurs sont généralement des Bengalais; parmi les petits commerçants, se rencontrent encore bon nombre de Portugais, de Klings venus des Indes, d'Arabes, de Parsis, sans compter les Javanais et les indigènes des autres îles de l'archipel indien qui se trouvent de passage à Singapour. Dans le port, les navires de toutes les nations civilisées se croisent avec les jonques chinoises et les praos des Malais, comme, dans l'intérieur de la ville, les mosquées, les temples hindous, les bazars chinois, alternent avec des maisons d'Européens bâties dans tous les styles.

RADAU, *Revue des deux mondes.*

CHINE. — PÉKIN

Pékin (ou plutôt Pé-king), bâti plusieurs siècles avant notre ère, descendu au rang de ville provinciale après la dissolution (222 avant J. C.) du royaume de Yen, dont il était la capitale, conquis par Genghis-khan (en 1215), abandonné et rebâti, n'est redevenu la capitale de l'empire que depuis le commencement du XVe siècle. De cette époque datent son enceinte et ses plus anciens édifices. Pékin est donc une ville comparativement moderne. Ses murs rappellent nos châteaux forts des temps féodaux. Seulement ici tout est colossal, tandis qu'en Europe les constructions du moyen âge sont de petites dimensions. Les murs de Pékin ont de cinquante à soixante pieds d'élévation, vingt, quarante, cinquante pieds de largeur, et une circonférence de plus de vingt milles anglais! Malgré cette grande étendue, seize portes seulement y donnent accès.

La capitale de l'empire se compose de deux villes, la ville tartare et la ville chinoise, deux parallélogrammes. Ces dénominations répondaient, il n'y a pas encore longtemps, à la séparation strictement maintenue entre les vaincus et les vainqueurs, entre les Chinois et les hommes du nord. Aujourd'hui beaucoup de Chinois demeurent dans la ville tartare, et, en général, le temps a mitigé, sans toutefois l'effacer complétement, l'antagonisme entre les deux races. Au centre de la ville tartare, se trouve le palais de l'empereur. Des murailles cachent les habitations des riches aux regards des passants. Les maisons qu'on aperçoit sont de misérable apparence, des huttes de boue sans architecture et sans la moindre trace d'ornements.

Dans la ville chinoise, où la vie commerciale et industrielle semble être concentrée, des rues entières ne contiennent que des boutiques, fort bien fournies de produits indigènes et de quelques articles européens. Les pharmacies, les magasins de thé et les débits de tabac se distinguent par des devantures magnifique-

Rue principale de Pékin.

ment dorées et laquées, et par des enseignes colossales verticalement suspendues à des mâts dressés devant la porte.

Dans la ville tartare, les interminables rues qui la sillonnent du sud au nord, désertes par intervalles ou bordées de pauvres cabanes, s'animent sur d'autres points et se déroulent entre les boutiques élégantes ou des murs entourant des palais invisibles. Mais avancez de quelques pas, et vous retomberez dans la solitude ou dans la misère.

Hübner, Promenade autour du monde.

LE CULTE DES ANCÊTRES EN CHINE

Le culte des ancêtres, si répandu, est la religion du foyer domestique : c'est une chose touchante que cette vénération pour les aïeux, ce souvenir permanent donné à leur mémoire, et cette participation muette qu'on leur accorde dans les destinées de la famille. Il n'est pas une cabane, si pauvre qu'elle soit, où les tablettes sur lesquelles sont gravés les noms des ancêtres, depuis celui qui passe pour le fondateur de la famille jusqu'au grand-père défunt, n'occupent la place d'honneur dans une niche au fond de la chambre. Chez les gens riches, il y a une pièce réservée, espèce de sanctuaire domestique, qui contient tous les portraits et les reliques de famille. Devant un autel richement orné, près duquel on entretient constamment des lampes allumées, on vient, au temps prescrit par les rites, brûler des parfums, présenter des offrandes et faire des prostrations. Le chef actuel de la famille ne prendrait pas une décision importante sans aller méditer dans le temple des ancêtres, qu'il semble ainsi inviter à prendre leur part des biens et des maux qui arrivent à leurs descendants.

Poussielgue, dans le Tour du monde.

19

LES JAPONAIS

Les Japonais sont de moyenne stature, bien inférieurs aux hommes de race germanique, mais non sans quelque ressemblance avec les Espagnols et les habitants du midi de la France.

Les Japonais, sans être précisément disproportionnés, ont en général la tête grosse, un peu enfoncée dans les épaules, la poitrine large, le buste long, les hanches charnues, les jambes grêles et courtes, les pieds petits, les mains fines et souvent remarquablement belles.

Chez les personnes qui ont le front très-fuyant et les pommettes des joues particulièrement larges et proéminentes, la tête, vue de face, représente plutôt la figure géométrique du trapèze que celle de l'ovale. Un fait plus général, c'est que, les cavités des yeux étant peu profondes et les cartilages du nez légèrement aplatis, les yeux sont plus à la surface que chez les Européens, et même quelque peu bridés. Cependant, je ne sais pourquoi, l'effet général n'est pas celui du type chinois ou mongol : la tête du Japonais est plus grosse, la figure plus allongée, et, à tout prendre, plus régulière ; enfin le nez est plus saillant, mieux dessiné, souvent même presque aquilin. En résumé, s'il faut chercher un terme de comparaison, il me semble le trouver parmi les indigènes de la Sonde.

Toute la population japonaise, sans exception, a la chevelure lisse et d'un noir d'ébène. Chez les femmes, elle est moins longue qu'en Europe et dans la Malaisie.

Les Japonais ont la barbe assez forte, mais ils se font raser au moins tous les deux jours. La couleur de leur peau varie, selon les diverses classes de la société, depuis les teints cuivrés et basanés de l'intérieur de Java jusqu'au blanc mat ou bruni du soleil des habitants de l'Europe méridionale. La nuance dominante est encore le brun olivâtre ; jamais elle ne rappelle la teinte jaune des Chinois. A l'inverse des Européens, la figure et les mains chez les Japonais sont ordinairement moins colorées que

Japonais.

le corps. Les petits enfants, les jeunes gens des deux sexes, ont
le teint rosé, de belles joues rouges, les mêmes indices de santé
florissante que nous aimons à rencontrer autour de nous.

Les femmes ont le teint plus clair que les hommes ; on en voit
beaucoup dans la haute société, et jusque dans la classe bour-
geoise, qui sont parfaitement blanches ; les dames de l'aristocratie estiment que le blanc mat est le teint de distinction.

Aimé Humbert, dans le Tour du monde.

KYOTO (MYAKO), CAPITALE DU JAPON

Le palais du Mikado, qui n'occupe qu'un terrain peu considérable, se distingue par le caractère essentiellement sacré de l'architecture. C'est un dédale de cours et de ruelles formé par des
maisons, par des pavillons, par des corridors ou de simples
cloisons. Les toits sont supportés par des poutres horizontales,
laquées de blanc et dorées aux extrémités, et ornées de petites
sculptures dont quelques-unes sont de vrais bijoux. Aux angles
des maisons, s'élèvent des pans de murs construits en pierre ou
en bois et couverts de ciment. Les cloisons ressemblent à celles
de toutes les autres habitations ; elles sont mobiles et garnies
de petits carreaux de papier blanc. Parfois un grillage de bois
naturel les protége. J'en ai admiré le dessin à la fois varié, simple
et élégant. Les volets aussi ont gardé la couleur naturelle du bois,
devenue, selon l'âge et l'espèce des arbres, gris clair ou acajou
pâle. Çà et là on y voit des baguettes en laque noire. L'effet de
l'ensemble est indescriptible. L'harmonie sobre et douce des
couleurs, la beauté des détails, le fini des ornements, qui, loin
de s'imposer à l'œil, semblent plutôt le fuir, le goût exquis, l'élégance et la noble simplicité qui dominent en ces lieux mystérieux
et inaccessibles, vous font oublier le caractère barbare de l'architecture.

Hubner, Promenade autour du monde.

AFRIQUE

LES MONUMENTS DE L'ANCIENNE ÉGYPTE

L'Égypte, qui aspirait à rendre ses établissements immortels, et qui porte l'empreinte ineffaçable de tous les arts, opposera longtemps la gravité sévère et même excessive des plus anciens modèles à la mobilité et à l'inconstance naturelles de l'esprit humain. En effet, le peuple le plus jaloux de produire des ouvrages durables habitait le pays de la terre le plus propre à les conserver. Ces monuments ont été construits plusieurs siècles avant que les villes de la Grèce fussent fondées. Ils ont vu naître et s'évanouir la grandeur de Tyr, de Carthage et d'Athènes. Ils portaient déjà le nom d'antiquités égyptiennes au temps de Platon, et nos successeurs les admireront encore à l'époque où, dans tous les autres lieux du globe, il ne restera plus de vestiges des édifices qui subsistent aujourd'hui.

Mais la longue durée de ces monuments n'est pas due seulement aux propriétés du climat, elle résulte surtout des efforts de ceux qui les ont élevés; car on peut à peine découvrir sur les rives du Nil les ruines des édifices romains. Les premiers Égyptiens ne reconnaissaient pour beau et vraiment digne d'attention que ce qui est durable et consacré par le sentiment de l'utilité publique. Leurs grands travaux eurent d'abord pour objet de rendre le territoire plus salubre, plus fécond et plus étendu. Ils parvinrent à dessécher des marais et des lacs, à conquérir des provinces entières sur les déserts de la Libye, à compenser l'inégalité des inondations par une heureuse prévoyance et par les merveilles de l'art. Ils fondèrent leurs villes sur d'immenses chaussées ; détournant à leur gré le cours du fleuve, ou le divisant en de nombreux canaux, ils virent s'élever du sein des eaux et créèrent, pour ainsi dire, eux-mêmes, ces belles plaines du Delta, qui devaient bientôt devenir si opulentes. L'uniformité du climat, l'ordre invariable des phénomènes physiques, concoururent à imprimer à ces peuples ce caractère profond de gravité et de constance qui distingue leurs institutions. Non contents d'orner les bords du Nil de tant de monuments immortels, ils entreprirent des travaux prodigieux dans l'intérieur des rochers qui limitaient leur territoire ; et cette Égypte souterraine égalait en magnificence celle qu'ils habitaient et que tous les arts avaient enrichie.

Joseph Fourier, Préface historique de la Description de l'Égypte.

L'ASPECT DES PYRAMIDES D'ÉGYPTE

La main du temps, et plus encore celle des hommes qui ont ravagé tous les monuments de l'antiquité, n'ont rien pu jusqu'ici contre les pyramides. La solidité de leur construction et l'énormité de leur masse les ont garanties de toute atteinte, et semblent leur assurer une durée éternelle. Et cet enthousiasme n'est point exagéré. On commence à voir ces montagnes factices dix-huit lieues avant d'y arriver. Elles semblent s'éloigner à mesure qu'on s'en approche ; on en est encore à une lieue, et déjà elles dominent tellement sur la tête, qu'on croit être à leur pied. Enfin on y touche, et rien ne peut exprimer la variété des sensations qu'on y éprouve : la hauteur de leur sommet, la rapidité de leur pente, l'ampleur de leur surface, le poids de leur assiette, la mémoire des temps qu'elles rappellent, le calcul du travail qu'elles ont coûté, l'idée que ces immenses rochers sont l'ouvrage de l'homme, si petit et si faible, qui rampe à leur pied, tout saisit à la fois le cœur et l'esprit d'admiration et de respect.

Volney, Voyage en Égypte.

LES RUINES DE THÈBES

En quittant la chaîne Libyque, si l'on monte sur le plus élevé
des rochers calcaires qui forment la vallée des tombeaux des rois,
on domine sur toute la plaine de Thèbes et sur tout le désert
montueux de la Libye. On a presque à ses pieds le tombeau
d'Osymandyas, près duquel on peut se rendre par un chemin
rocailleux et escarpé, que l'on suit rarement. A gauche, on voit
l'édifice où se trouve un plafond en forme de voûte, et le palais
de Qournah. A droite, les deux statues du Memnonium présentent leur masse presque informe. Plus loin, Medynet-Abou offre
aux regards son palais à deux étages et ses majestueux pylônes,
et son vaste hippodrome. Le petit temple du sud se perd au loin
dans la vapeur. De l'autre côté du Nil, Karnak montre ses obélisques, ses hautes colonnes et le long circuit de ses ruines.
Louqsor est à l'extrémité de ce point de vue si riche et si varié ;
ses deux beaux obélisques et ses grands édifices dépassent de
beaucoup les maisons arabes, qu'on aperçoit à peine. Le Nil
superbe poursuit son cours sinueux au milieu de cette belle
plaine, qu'il semble se plaire à arroser. Les îles qu'il forme, les
canaux qu'il remplit lors de la crue périodique de ses eaux, donnent de la fraîcheur et de la vie à ce tableau, dont la vue peut
à peine embrasser l'immensité. Seul, sur le point le plus élevé,
entouré du vaste silence des déserts, et soumis à l'impression
éloquente des ruines, on se livre naturellement à des réflexions
profondes.

Qu'est devenu le temps où une population nombreuse animait
tout ce vaste tableau? Ces pierres renversées, ces débris de
granit dispersés de toutes parts, formaient alors des édifices
réguliers, des statues de dieux et de héros. Ces colonnes, maintenant abattues, ornaient des palais et des temples qu'embellis-
saient l'or et les pierreries, et que décoraient les meubles les

plus riches et les plus précieux. Cette plaine immense était jadis
tellement cultivée, que les plus religieux observateurs du culte
des morts ne pouvaient même en rien réserver pour la sépulture!
Sa terre féconde produisait d'abondantes moissons et nourrissait
de nombreux troupeaux. Là s'échangeait, contre les productions
d'une fertile contrée, tout ce que l'Asie et l'Afrique offrent de
riches tissus et de parfums précieux. Là s'entassaient toutes les
dépouilles des ennemis vaincus et les tributs levés sur les peuples conquis, et les offrandes faites dans les temples des dieux.
Mais quel serait l'étonnement de ces nombreux Thébains dont la
dépouille mortelle existe encore tout entière dans ces grottes
profondes, si tout à coup, secouant les linceuls qui les enveloppent de toutes parts, ils sortaient de leurs tombeaux et jetaient
les yeux sur une terre qu'ils avaient embellie de tant de monuments, dont les restes attestent encore la puissance du génie
qui les éleva! Là où existaient des habitations somptueuses,
résultat d'une civilisation perfectionnée, ils n'apercevraient plus
que de misérables cabanes bâties sans art. Ils verraient les palais
transformés en sentines publiques, les champs stériles et abandonnés, et l'habitant stupide mettant toutes ses jouissances à
amasser un peu d'or, qu'il cherche souvent en vain à dérober
aux agents d'un gouvernement barbare et tyrannique. Élevé sur
cette montagne qui domine tout l'horizon, et planant, pour ainsi
dire, au-dessus de la terre, avec quels sentiments désintéressés
on juge les révolutions et le cours des choses humaines! . . .

. . . .

On chercherait en vain à se faire une juste idée de cette
célèbre Thèbes, si l'on n'avait point erré dans ses palais et dans
ses temples. Est-il rien de plus merveilleux que l'ensemble qu'ils
présentent aux regards du voyageur qui a pu pénétrer jusqu'aux
lieux qui les recèlent? Les généraux français, les soldats eux-
mêmes, à la vue de cet imposant spectacle, lui ont payé le plus
beau tribut d'admiration. Une des fêtes les plus importantes de
notre patrie fut célébrée sur les ruines de la plus ancienne des
cités, et ces ruines, depuis si longtemps vouées au silence, reten-

tirent du bruit soudain de ces foudres de bronze qui jamais ne
s'étaient fait entendre dans leur enceinte.

JOLLOIS et DEVILLIERS, *Description de l'Égypte.*
expédition de 1798-1799.

ALGER

..... Perché sur la montagne, au fond d'une immense baie dont
la tranquillité souvent perfide attire les navigateurs entre deux
riants promontoires qui semblent étendre leurs grands bras
pour les protéger, Alger figure assez exactement un nid de vautours sur un rocher. On dirait que la ville s'est retranchée là
pour y guetter sa proie, la saisir et la dévorer, sans courir elle-
même aucun risque ; car elle domine la mer dans une étendue
considérable. Du côté de la terre, de hautes murailles et des forteresses longtemps invincibles la défendent. Adossée aux premiers mamelons de la montagne, l'Atlas étend autour d'elle tout
ensemble une ceinture brillante et une ligne de défense redoutable. Enfin on voit se dresser à gauche les crêtes aiguës
du Jurjura, qui détache sur l'azur du ciel son front couvert de
neiges éternelles; limite imposante, muraille gigantesque, qu'on
dirait élevée pour fermer l'Orient de ce côté et barrer la route
aux firmans oppresseurs et aux envoyés sanguinaires de Constantinople.

Telle était donc la physionomie extérieure de cette ville
fameuse, au temps où quelques corsaires intrépides régnaient
dans la Méditerranée par la terreur, se faisaient servir à boire
par Michel Cervantes et chasser les mouches par notre poëte
Regnard, bravaient la présence de Charles-Quint et les bom-
bardes de Louis XIV, et levaient d'insolents tributs sur les rois
et les républiques, et tel Alger se montre encore aujourd'hui
quand on le découvre, de loin, à travers la fumée du paquebot

qui vient d'entrer dans la rade. On pourrait se croire encore au
temps de Kaïr-Eddin et de Barberousse. Mais, une fois à terre,
le spectacle est bien différent.

La mer vous avait montré une ville mauresque, vous entrez
dans une ville française. C'est une ville française qui vous reçoit,
qui étend devant vous ses rues populeuses, qui vous ouvre ses
hôtels, ses cafés, ses restaurants, ses boutiques étincelantes;
c'est elle qui vous héberge, qui vous habille, qui vous nourrit. Il
ne tient qu'à vous d'y mener vie joyeuse et confortable, comme
à Bordeaux, à Marseille ou à Paris. Mais avancez, voici la colline qui vous montre ses premières assises toutes chargées de
constructions étranges. Vous sortez de la ville française pour
entrer dans la ville mauresque. Ces deux villes ont, chacune,
leur physionomie : l'une figure l'Europe, l'autre l'Orient; chacune leur destinée : l'une commence, l'autre finit. Ici le berceau
d'une colonie, là le dernier effort d'une civilisation qui s'éteint.
L'une s'allonge et s'étend commodément sur la côte, l'autre
rampe péniblement sur le flanc de la montagne; l'une est tout
bruit, tout mouvement, toute confusion, toute poussière, l'autre
est toute immobilité, tout silence. Il y a donc lutte entre ces
deux villes, une lutte dont l'issue n'est pas douteuse. La ville
européenne tend à supplanter peu à peu la ville africaine.

Cuvillier-Fleury, Voyages et Voyageurs, avril 1841.

COMPARAISON ENTRE LES ARABES ET LES KABYLES

L'Arabe a les cheveux et les yeux noirs. Beaucoup de Kabyles
ont les yeux bleus et les cheveux rouges; ils sont généralement
plus blancs que les Arabes.

L'Arabe a le visage ovale et le cou long ; le Kabyle, au
contraire, a le visage carré, et sa tête est plus rapprochée des
épaules.

L'Arabe ne doit jamais faire passer le rasoir sur sa figure. Le Kabyle se rase jusqu'à ce qu'il ait atteint vingt à vingt-cinq ans; à cet âge, il devient homme et laisse pousser sa barbe. C'est l'indice du jugement acquis, de la raison qui devient mûre.

L'Arabe se couvre la tête en toute saison, et, quand il le peut, marche les pieds chaussés. Le Kabyle, été comme hiver, par la neige ou le soleil, a toujours les pieds et la tête nus.

L'Arabe vit sous la tente, il est nomade. Le Kabyle habite la maison, il est fixé au sol. Sa maison est construite en pierres sèches ou en briques non cuites, qu'il superpose d'une façon assez grossière. Le toit est couvert de chaume, de tuile chez les riches. L'Arabe déteste le travail, il est essentiellement paresseux : pendant neuf mois de l'année il ne s'occupe que de ses plaisirs. Le Kabyle travaille énormément et en toute saison : la paresse est une honte à ses yeux. L'Arabe laboure beaucoup; il possède de nombreux troupeaux qu'il fait paître; il ne plante point d'arbres. Le Kabyle cultive moins de céréales, mais il s'occupe beaucoup de jardinage. Il passe sa vie à planter, à greffer; il a chez lui des lentilles, des pois chiches, des fèves, des artichauts, des navets, des concombres, des oignons, des betteraves, du poivre rouge, des pastèques, des melons. Il cultive le tabac à fumer; depuis quelque temps il plante des pommes de terre; il possède des fruits de toute espèce : olives, figues, noix, oranges, poires, pommes, abricots, amandes, raisins.

L'Arabe n'a point d'industrie proprement dite, quoiqu'il confectionne des selles, des harnachements, des mors, etc. Le Kabyle, au contraire, est industrieux : il bâtit sa maison, il fait de la menuiserie; il forge des armes, des canons et des batteries de fusil, des sabres, des couteaux, des pioches, des cardes pour la laine, des socs pour la charrue. Il fabrique des bois de fusil, des pelles, des sabots, des métiers pour tisser.

Général Daumas, Mœurs et Coutumes de l'Algérie

Le Sahara.

LE SAHARA

Les régions du désert dépourvues d'oasis offrent un aspect vraiment formidable et sont effrayantes à traverser. Le sentier que les pieds des chameaux ont frayé dans la solitude immense se dirige en droite ligne vers le point de l'espace que veut atteindre la caravane ; parfois ces faibles traces de pas sont recouvertes de sable, et les voyageurs sont obligés de consulter la boussole ou d'interroger l'horizon ; une dune lointaine, un buisson, des ossements de chameaux ou d'autres indices, que l'œil exercé du Touareg peut seul discerner, font reconnaître le chemin. Les plantes, privées de l'eau nécessaire, sont rares : on ne voit, suivant les contrées du Sahara, que des armoises ou bien des chardons et des mimosées épineuses ; même, en certains endroits sablonneux, la végétation manque tout à fait. Les seuls animaux que l'on trouve dans le désert sont des scorpions, des lézards, des vipères, des fourmis : pendant les premiers jours du voyage, la mouche accompagne aussi les caravanes, mais elle meurt bientôt, tuée par la chaleur. Le rayonnement implacable de l'immense surface blanche ou rouge du désert éblouit les yeux : sous cette lumière aveuglante, tous les objets semblent à la fois revêtus d'une teinte sombre et comme infernale. Parfois le *ragle*, sorte de fièvre cérébrale, s'empare du voyageur attaché sur son chameau et lui fait voir les objets les plus fantastiques à travers les rêves du délire. Même ceux qui gardent l'entière possession de leurs facultés et la netteté de leur vision sont obsédés par les mirages lointains qui font danser devant leurs yeux des vapeurs semblables à des palmiers, à des groupes de tentes, à des montagnes ombreuses, à d'étincelantes cascades. Quand le vent souffle avec force, on a le corps fouetté de grains de sable qui pénètrent à travers les vêtements et piquent comme des aiguilles. Des mares infectes, ou bien des puits creusés à grand'peine dans quelque bas-fond et laissant suinter de leurs parois une humidité saumàtre sont désignés chaque jour comme la fin de l'étape.

Élisée Reclus, la Terre.

ALIMENTS, HABITATIONS ET ORNEMENTS DES BONGOS
(AFRIQUE CENTRALE, BASSIN DU NIL BLANC)

Quand leur provision de grain est épuisée, ou leur récolte insuffisante, les Bongos trouvent dans les tubercules de leurs plantes sauvages une abondante ressource. Ce qu'ils peuven| digérer en aliments de ce genre est inimaginable.

Ils ne sont pas plus difficiles à l'égard de la viande. Excepté l'homme et le chien, les Bongos semblent tenir pour alimentaire toute substance animale, quel que soit l'état dans lequel elle se trouve : les restes du repas d'un lion, restes putréfiés dont les vautours leur révèlent l'existence, sont recueillis par eux avec joie.

Bien que la forme en soit invariablement conique, les demeures des Bongos offrent une grande diversité. Des troncs d'arbres placés verticalement, des branchages tressés, des bambous, de l'argile provenant d'une fourmilière, des herbes solides et de la filasse de *Grewia* entrent dans leur construction.

Le travail des armes et des divers outils est fort élégant, on pourrait dire artistique. Quand on a vu les moyens dont l'ouvrier dispose, on s'étonne du tranchant des lames et de la finesse des détails. Un soin égal est apporté à la fabrication des ornements qui forment la parure des deux sexes et aux menus objets dont les femmes font usage.

En fait d'articles de toilette, on fabrique pour ces dames des anneaux, des clochettes, des boutons, des agrafes, qu'elles se mettent aux oreilles et aux lèvres, et de grandes épingles en forme de lance, dont elles usent pour diviser leurs cheveux et pour s'orner le haut de la tête.

Une branche souple et feuillue, parfois un bouquet d'herbes renouvelé chaque matin, est leur costume habituel; de temps à autre elles y ajoutent une queue, pareille à celle d'un cheval et composée des filaments du *Sasseveria* teints en noir[1].

G. Schweinfurth, dans *le Tour du monde*, trad. de Mᵐᵉ Loreau.

1. C'est ce qui a donné lieu à l'opinion qu'il y avait en Afrique une race humaine à queue.

LES CHUTES VICTORIA OU MOSI-OA-TOUNYA (FUMÉE TONNANTE)
DANS LE ZAMBÈZE (AFRIQUE AUSTRALE)

Le paysage est admirable. Je me fis débarquer dans une île qui est presque au milieu de la cataracte et qui me permit de jouir du magnifique spectacle d'un fleuve large de 1000 mètres, s'engouffrant d'une seule masse dans un abîme qui n'a guère plus de 15 à 20 mètres de largeur. C'est le spectacle le plus saisissant que j'aie contemplé en Afrique.

..... Dans cette faille, deux fois plus profonde que la cataracte du Niagara n'a de hauteur, se précipite, avec un fracas étourdissant, une rivière de plus de 1600 mètres de large : voilà ce qu'on appelle la *fumée tonnante* ou les chutes de Victoria.

Le Mosi-oa-tounya fait l'étonnement de toutes les tribus de cette vaste zone.

LIVINGSTONE, Voyage en Afrique, trad. de Mme Loreau.

SYMPTOMES ET RAVAGES D'UN OURAGAN A L'ILE DE FRANCE

Un de ces étés qui désolent de temps à autre les terres situées entre les tropiques vint étendre ici ses ravages. C'était vers la fin de décembre, lorsque le soleil au Capricorne échauffe, pendant trois semaines, l'île de France de ses feux verticaux. Le vent du sud-est, qui y règne presque toute l'année, n'y soufflait plus. De longs tourbillons de poussière s'élevaient sur les chemins et restaient suspendus en l'air. La terre se fendait de toutes parts ; l'herbe était brûlée, des exhalaisons chaudes sortaient du flanc des montagnes, et la plupart de leurs ruisseaux étaient desséchés. Aucun nuage ne venait du côté de la mer. Seulement, pendant le jour, des vapeurs rousses s'élevaient de dessus ces plaines, et

20

paraissaient, au coucher du soleil, comme les flammes d'un incendie. La nuit même n'apportait aucun rafraîchissement à l'atmosphère embrasée. L'orbe de la lune, tout rouge, se levait dans un horizon embrumé, d'une grandeur démesurée. Les troupeaux, abattus sur les flancs des collines, le cou tendu vers le ciel, aspirant l'air, faisaient retentir les vallons de tristes mugissements : le Cafre même qui les conduisait se couchait sur la terre pour y trouver de la fraîcheur. Partout le sol était brûlant, et l'air étouffant retentissait du bourdonnement des insectes qui cherchaient à se désaltérer dans le sang des hommes et des animaux.

Cependant ces chaleurs excessives élevèrent de l'Océan des vapeurs qui couvrirent l'île comme un vaste parasol. Les sommets des montagnes les rassemblaient autour d'eux, et de longs sillons de feu sortaient de temps en temps de leurs pitons embrumés. Bientôt des tonnerres affreux firent retentir de leurs éclats les bois, les plaines et les vallons; des pluies épouvantables, semblables à des cataractes, tombèrent du ciel.

BERNARDIN DE SAINT-PIERRE, Paul et Virginie.

Cataracte du Zambèze.

AMÉRIQUE

—

IMPRESSION GÉNÉRALE

J'aime l'Amérique, j'aime sa nature grandiose, ses puissantes montagnes, ses fleuves majestueux, ses cataractes retentissantes, ses vastes lacs, ses prairies sans fin, ses forêts parées d'une éternelle verdure. Je me sens attiré par un invincible attrait vers ces monuments mystérieux qu'a laissés une civilisation si curieuse à étudier, si difficile à dévoiler. Je suis avec admiration ces explorateurs infatigables qui, dans les glaces du pôle, dans les plaines brûlantes de l'équateur, dans les chaînes neigeuses, à travers les volcans redoutables, dans les déserts, partout, franchissent le nouveau monde en tous sens, pour en compléter la connaissance, y découvrir des richesses nouvelles, y préparer de grandes communications. Je vois enfin avec un vif intérêt ces ardentes populations qui luttent contre de nombreuses difficultés; qui, à travers les fautes d'une jeunesse orageuse, ou celles d'une enfance capricieuse et déréglée, montrent cependant leur aspiration vers de hautes destinées, et font prévoir quel rôle jouera un jour, dans les forces du globe, ce magnifique pays.

Oui, l'Amérique est belle : elle est, pour l'étendue et les richesses, la noble sœur de l'Asie; je dirai même que, s'il fallait donner à l'une des deux sœurs la palme de la beauté, l'Amérique l'emporterait peut-être, car l'éclat de la fraîcheur brille en elle, tandis que son aînée voit déjà son front sillonné de rides. L'une est comme une jeune déesse, dont la beauté suave et naïve est toute rayonnante d'espoir et d'avenir; l'autre joint à la noblesse et à la majesté de ses traits un visage grave, sérieux

et un peu attristé par l'âge. Toutes deux attirent et captivent les
regards; mais un sentiment plus vif peut-être porte vers la première.

E. Cortambert, Tableau de l'Amérique.

MARAIS ET FORÊTS VIERGES DE L'AMÉRIQUE

Certains marais de la Caroline du Nord et de la Virginie orientale sont couverts d'eau, et, même dans les plus grandes chaleurs
de l'été, on les distingue de loin par les tiges mouvantes et pres-
sées du roseau géant qui s'élève jusqu'à vingt et trente pieds de
hauteur, par le feuillage léger du tupelos aquatique, et enfin par
les grandes arcades de verdure et les énormes troncs du cyprès
chauve, dont les graines huileuses attirent des légions de perroquets qui viennent se poser sur sa plate-forme. Dans les parties
sèches, croissent des forêts de chênes blancs et rouges, et plusieurs espèces de pins d'une grosseur remarquable; les intervalles sont remplis de broussailles épaisses, impénétrables; l'intérieur de ces singuliers déserts, entouré d'une onde sur laquelle
on ne peut pas naviguer, d'un sol fangeux sur lequel on ne peut
pas marcher, défendu par des remparts de verdure inaccessibles,
est l'objet des croyances superstitieuses des sauvages. C'est là
que, suivant eux, habitent les bons et les mauvais génies; là sont
des lieux fertiles et délicieux, des paradis, où résident les filles
du Soleil, d'une beauté incomparable. Ainsi l'homme peuple au
gré de son imagination l'espace et les retraites dont l'accès lui est
interdit; il voit des dieux et des génies dans les astres, dans les
nuages, au delà des mers et des montagnes, au sein des eaux, et
dans la profondeur des grottes et des cavernes, au milieu des
ombres mystérieuses des forêts, et parmi les brumes des marais.
Ces forêts incultes et profondes ne ressemblent point à celles que
l'homme civilisé plante ou exploite; la végétation, plus riche

Forêt d'Amérique.

chaque jour de ses propres produits, s'y exerce sans contrainte,
s'y développe sans obstacle. Là croulent de vétusté des arbres
puissants : leurs vieux troncs, décomposés par le temps et l'humidité, couverts de mousses et de lichens, recèlent de froids reptiles, de nombreuses légions d'insectes ; ils se croisent dans tous
les sens ; ils tombent les uns sur les autres, ils encombrent le sol
par leur entassement ; ou, renversés sur le lit des torrents ou la
profondeur des vallées, ils forment autant de ponts naturels
dangereux à traverser ; leurs écorces putrides glissent et se détachent sous les pieds des voyageurs ; des lianes, des liserons
s'attachent à eux, montent jusqu'à leurs sommets, redoublent
l'épaisseur de leurs ombres, entretiennent leur éternelle fraîcheur
et leur humidité pénétrante. Dans la zone torride, les forêts les
plus sauvages ont un aspect riant et animé : les singes se suspendent aux plus fortes branches des arbres qui servent de théâtre à
leurs gambades ; les plus faibles rameaux sont agités par une
foule d'oiseaux qui brillent des plus vives couleurs ; mais, quelque
part que vous portiez vos pas, vous avez à craindre l'effrayante
rapidité du tigre ou la morsure cruelle de la vipère.

Les plus vastes forêts se trouvent dans le nouveau monde.
C'est en détruisant par le fer et le feu ces colosses du règne
végétal, que le colon européen est parvenu à défricher une portion de ce grand continent.

Walckenaer, Cosmologie.

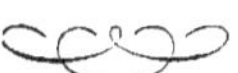

AMÉRIQUE ARCTIQUE. — ICEBERGS

Nous avions rencontré notre premier *iceberg* la veille de
notre arrivée au cercle polaire. En entendant la mer se briser
avec fureur contre la masse encore enveloppée de brume, la vigie
fut sur le point de crier : « Terre ! » Mais bientôt le formidable
colosse émergea du brouillard ; il venait droit sur nous, terrible

et menaçant; nous nous hâtâmes de lui laisser le champ libre.
C'était une pyramide irrégulière, d'environ trois cents pieds de
largeur et cent cinquante de hauteur; le sommet en était encore
à demi caché dans la nue; mais, l'instant d'après, celle-ci, brusquement déchirée, nous dévoila un pic étincelant, autour duquel
de légères vapeurs enroulaient leurs volutes capricieuses. Il y avait
quelque chose de singulièrement étrange dans la superbe indif-
férence du géant. En vain les ondes lui prodiguaient leurs plus
folles caresses; froid et sourd, il passait, les abandonnant à leur
plainte éternelle . . . .

A mesure que le brouillard s'élevait et roulait lentement ses
grisâtres traînées sur la surface des eaux bleues, les montagnes
de glace se succédaient et défilaient devant les navigateurs
comme les châteaux fantastiques d'un conte de fées.

Il est difficile d'imaginer une scène plus chargée d'impressions
solennelles; impossible de rendre quel enthousiasme chaque changement soudain de ce glorieux décor éveillait dans l'esprit.

Hayes, la Mer libre du pôle, trad. de F. de Lanoye.

LA CATARACTE DU NIAGARA

Nous arrivâmes bientôt au bord de la cataracte, qui s'annon-
çait par d'affreux mugissements. Elle est formée par la rivière
Niagara, qui sort du lac Érié et se jette dans le lac Ontario; sa
hauteur perpendiculaire est de cent quarante-quatre pieds.
depuis le lac Erié jusqu'au saut, le fleuve arrive toujours en
déclinant par une pente rapide, et, au moment de la chute, c'est
moins un fleuve qu'une mer, dont les torrents se pressent à la
bouche béante d'un gouffre. La cataracte se divise en deux
branches, et se courbe en fer à cheval. Entre les deux chutes,
s'avance une île, creusée en dessous, qui pend avec tous ses

Cataracte du Niagara

arbres, sur le chaos des ondes. La masse du fleuve, qui se précipite au midi, s'arrondit en un vaste cylindre, puis se déroule
en nappe de neige, et brille au soleil de toutes les couleurs;
celle qui tombe au levant, descend dans une ombre effrayante :
on dirait une colonne d'eau du déluge. Mille arcs-en-ciel se cour-
bent et se croisent sur l'abîme. L'onde, frappant le roc ébranlé,
rejaillit en tourbillons d'écume qui s'élèvent au-dessus des
forêts, comme les fumées d'un vaste embrasement. Des pins,
des noyers sauvages, des rochers taillés en forme de fantômes,
décorent la scène. Des aigles, entraînés par le courant d'air, descendent en tournoyant au fond du gouffre, et des carcajous se
suspendent par leurs longues queues au bout d'une branche
abaissée, pour saisir dans l'abîme les cadavres brisés des élans
et des ours.

CHATEAUBRIAND, Génie du christianisme.

LE MESCHACEBÉ (MISSISSIPI)

Ce fleuve, dans un cours de plus de mille lieues, arrose une
délicieuse contrée.

Les deux rives du Meschacebé présentent un tableau le plus
extraordinaire. Sur le bord occidental, des savanes se déroulent
à perte de vue; leurs flots de verdure, en s'éloignant, semblent
monter dans l'azur du ciel, où ils s'évanouissent. On voit, dans
ces prairies sans bornes, errer à l'aventure des troupeaux de
trois ou quatre mille buffles sauvages. Quelquefois un bison
chargé d'années, fendant les flots à la nage, se vient coucher
parmi les hautes herbes, dans une île du Meschacebé. A son front
orné de deux croissants, à sa barbe antique et limoneuse, vous
le prendriez pour le dieu mugissant du fleuve, qui jette un
regard satisfait sur la grandeur de ses ondes et la sauvage abondance de ses rives.

Telle est la scène sur le bord occidental[1] ; mais elle change tout à coup sur la rive opposée, et forme avec la première un admirable contraste. Suspendus sur le cours des ondes, groupés sur les rochers et sur les montagnes, dispersés dans les vallées, des arbres de toutes les formes, de toutes les couleurs, de tous les parfums, se mêlent, croissent ensemble, montent dans les airs à des hauteurs qui fatiguent les regards. Les vignes sauvages, les bignonias, les coloquintes, s'entrelacent au pied de ces arbres, escaladent leurs rameaux, grimpent à l'extrémité des branches, s'élancent de l'érable au tulipier, du tulipier à l'alcée, en formant mille grottes, mille voûtes, mille portiques. Souvent égarées d'arbre en arbre, ces lianes traversent des bras de rivières sur lesquels elles jettent des ponts et des arches de fleurs. Du sein de ces massifs embaumés, le superbe magnolia élève son cône immobile ; surmonté de ses larges roses blanches, il domine toute la forêt, n'a d'autre rival que le palmier, qui balance légèrement auprès de lui ses éventails de verdure.

Une multitude d'animaux, placés dans ces belles retraites par la main du Créateur, y répandent l'enchantement et la vie. De l'extrémité des avenues, on aperçoit des ours enivrés de raisins, qui chancellent sur les branches des ormeaux ; des troupes de caribous se baignent dans un lac ; des écureuils noirs se jouent dans l'épaisseur des feuillages ; des oiseaux moqueurs, des colombes virginiennes de la grosseur d'un passereau descendent sur les gazons rougis par les fraises ; des perroquets verts, à tête jaune, des piverts empourprés, des cardinaux de feu, grimpent en circulant au haut des cyprès ; des colibris étincellent sur le jasmin des Florides, et des serpents oiseleurs sifflent suspendus aux dômes des bois, en s'y balançant comme des lianes.

CHATEAUBRIAND, Génie du christianisme.

1. Tout cela est bien changé depuis Chateaubriand ; les savanes ont fait place à des cultures, à des villes, et il n'y a presque plus de bisons.

LES ÉTATS-UNIS — IMPRESSION GÉNÉRALE

..... Que de contrastes dans cet étrange pays! Terre de liberté et d'esclavage ; assemblage de la plus sage économie et des désordres financiers les plus éhontés ; mélange de rudesse dans les manières et d'un extrême respect pour le sexe le plus faible ; pays où le mariage est la seule chose qui ne soit pas un marché, tandis qu'il en est un, ô honte ! dans notre belle France ; peuple philosophe pour condamner les priviléges de la naissance, et stupide observateur des priviléges de la peau ; dans le nord, orgueilleux de son travail ; dans le midi, glorieux de son oisiveté ; donnant partout une grande place au sentiment religieux, et partout dévoré de la soif immodérée de l'or : accouplement bizarre d'une grande pureté de mœurs et du mépris le plus audacieux des lois divines et humaines ; union de la morale et de la banqueroute... Comment porter un jugement absolu sur une telle nation ? Ne pourrait-on pas dire qu'elle a, comme la plupart des choses, son beau et son triste côté. Comme les puissants blocs de quartz de ses monts aurifères, blocs où il y a de l'or et des matières impures, des parties brillantes et d'autres rugueuses et grossières, elle a plusieurs faces différentes, dont les aspects varient suivant le sens où on les voit, et surtout suivant l'imagination et la disposition d'esprit de l'observateur. Qu'un esprit poétique, littéraire, plein des souvenirs de l'antiquité ou des sentiments chevaleresques du moyen âge, enthousiaste des chefs-d'œuvre des arts que se partagent les écoles brillantes de l'Europe passée et présente, accoutumé aux formes polies de la société du vieux monde, fasse l'exploration des États-Unis, il sera choqué de l'aspect matériel du génie américain, du sans-façon du maintien, des monuments froids et prosaïques, du caractère positif de la littérature. Qu'un philosophe analyste, décomposant et pesant les détails, examine les moyens souvent peu recommandables de la puissance acquise, les spéculations audacieuses qui se jouent de la fortune et de la vie des hommes,

ces odieux préjugés de la couleur, ces injures et ces grossiè-
retés de la presse, ces démonstrations brutales des partis, il se
retirera attristé et mécontent. Si un esprit synthétique plane
au-dessus de l'ensemble, et trop haut pour apercevoir les défauts,
il contemplera avec admiration les progrès rapides, la marche
hardie de cette jeune république ; le but toujours atteint par une
persévérance et une vigueur qui ne connaissent aucun obstacle ;
cette fourmilière active qui remue, perce, transforme son vaste
sol, en extrait de toutes parts et en transporte courageusement
les nombreuses richesses ; ces grandes villes qui s'élèvent par
enchantement ; cet accroissement prodigieux de population, signe
certain qu'après tout, et malgré de nombreuses déceptions, on
trouve là des ressources abondantes et une liberté de mouvements qu'aucun autre pays n'offre au même degré ; cette navigation hardie qui anime tous les fleuves ; ces chemins de fer, ces
télégraphes électriques qui sillonnent partout le territoire ; ces
gigantesques entreprises commerciales et industrielles qu'aucun
revers ne rebute et qui triomphent enfin ; cette terre de libre
pensée où toutes les idées ont un asile, toutes les opinions un
cours facile ; cette diffusion extraordinaire de connaissances
pratiques, qui répand une égale lumière sur la masse tout entière
de la population, et non pas seulement à son sommet. Un tel
esprit est comme émerveillé et ne peut s'empêcher de croire
que, si la civilisation a commencé en Orient, si elle fait maintenant briller l'Europe, sa marche continue de l'entraîner vers
l'Occident, et que le monde de Colomb est à son tour destiné
à en être l'éclatant séjour.

E CORTAMBERT, Tableau de l'Amérique.

NEW-YORK

Dans sa physionomie, New-York reflète d'une manière frappante les traits caractéristiques du grand territoire de l'Union. On dirait que la vie intellectuelle, morale et commerciale de l'Américain se condense ici, pour rayonner ensuite à travers les espaces immenses qu'on appelle les États-Unis.

Broadway est le représentant et le modèle des grandes artères qui relient les différentes portions du continent et jusqu'aux deux Océans. Les grands *thoroughfares* de la Cité de Londres, les boulevards de Paris, la Ringstrasse et le dédale des rues et ruelles de Vienne sont presque tout aussi animés que Broadway ; mais leur animation est principalement due aux besoins de la ville qu'ils traversent, tandis que la grande artère de la métropole américaine est plus qu'une rue, c'est une route, une route royale qui mène au loin, qui mène partout. Après avoir déversé, à droite et à gauche, hommes et marchandises, il lui en reste encore assez pour alimenter les chemins de fer qui traversent le continent. Les personnes que nous apercevons dans ces véhicules innombrables sont des voyageurs plutôt que des passants. Ils ont l'air inquiet plus qu'affairé. On dirait que tout le monde craint de manquer son train. Sans doute New-York est une vraie ville dans le sens européen du mot, comme Londres, comme Paris, comme Vienne. Mais New-York est plus qu'une ville : c'est en même temps une immense station de chemins de fer, un dépôt, comme on dit en Amérique, de voyageurs et de marchandises, où se rencontre une population flottante assez considérable pour imprimer à sa physionomie le cachet de l'agitation, de la préoccupation, de l'imparfait et du provisoire, qui forme un des traits caractéristiques de toutes les villes d'Amérique.

Somme toute, Broadway représente le principe de la mobilité.

Mais ce qui frappe surtout à New-York, ce sont les nombreux

édifices consacrés aux cultes les plus divers ; ce sont les petits temples de toutes dénominations, bâtis souvent avec un grand déploiement de luxe, dans tous les styles possibles et impossibles, qui fixent mon attention et piquent ma curiosité. De modestes dimensions, ils paraissent encore plus restreints qu'ils ne sont, à côté des habitations monumentales et comparativement vastes qu'ils coudoient.

HUBNER, *Promenade autour du monde.*

CHICAGO

Les rues ressemblent à celles des autres villes d'Amérique. Les maisons, il est vrai, sont bâties de bois, mais elles affectent la construction en brique et en pierre. Des nuées charbonneuses sortent des innombrables cheminées des fabriques, s'engouffrent dans les rues, jettent leurs ombres noires sur les devantures brillantes des boutiques, sur les lettres dorées des annonces qui couvrent les façades jusqu'aux combles, sur la foule qui, la tête inclinée, d'un pas cadencé, et branlant les bras comme des pendules, fuit, le soir, en silence, les lieux qui, pendant la journée, ont vu couler sa sueur. Par moments le soleil déchire le baldaquin lugubre que l'industrie a étendu sur la capitale du travail ; mais ces lumières soudaines, passagères, saccadées, loin d'égayer la scène, en font au contraire ressortir la tristesse. Dans toutes les grandes artères et à perte de vue, s'élèvent les mâts gigantesques du télégraphe. Ils sont fort rapprochés et se terminent par une double croix d'évêque, seul genre de croix qu'on aperçoive en ces lieux dont le dieu est l'argent.

Je me mêle à la foule qui m'entraîne. Je tâche de lire sur les physionomies, et j'y trouve partout la même expression : chacun est pressé, ne fût-ce que pour gagner son foyer le plus tôt possible, d'économiser les quelques heures du repos, après avoir

NeW-York.

tiré le plus grand parti possible des longues heures du travail. Chacun semble soupçonner dans son voisin un concurrent. Cette foule porte le cachet de l'isolement. Le milieu moral où elle vit n'est pas la charité, c'est la rivalité.

Huвner, Promenade autour du monde.

LES PEAUX-ROUGES

C'est une singulière race que celle des Peaux-rouges, à laquelle la nature a si généreusement départi le plus beau sol qui existe au monde, sol de riches alluvions, épais et plat, bien arrosé; et cependant cette race n'est pas encore sortie de l'étape primitive qu'a dû partout parcourir l'humanité au début de son évolution, celle du peuple chasseur, nomade, celle de l'âge de pierre! Les Indiens, si les blancs ne leur avaient pas apporté le fer, auraient encore des armes de silex, comme l'homme anté-diluvien, qui s'abritait dans les cavernes et fut en Europe con-temporain du mammouth. Les Indiens fuient le travail, hors la chasse et la guerre; chez eux la femme fait toute la besogne. Quel contraste avec la race qui les entoure, si travailleuse, si occupée, et où l'on a pour la femme un si profond respect! Cette race les enserre, les enveloppe entièrement aujourd'hui, et c'est fait des Peaux-rouges, s'ils ne consentent à rentrer dans les réserves.

Et encore, dans ces réserves, l'industrie et les arts naîtront-ils? On sait combien la race rouge est mal douée pour la musique et pour le chant. Chez elle les beaux-arts sont restés dans l'enfance. L'écriture, si ce n'est une grossière représentation pictographique, est complétement inconnue: on sait à peine, avec des perles, tracer quelques dessins sur des peaux. Sans doute ces dessins sont souvent heureusement groupés, et les couleurs s'y lient avec une

certaine harmonie, mais c'est tout. L'industrie, à part une grossière préparation des viandes et le tannage des peaux et des
fourrures, est également tout à fait nulle. L'Indien est moins

Peau-rouge.

avancé que le nègre africain, qui sait au moins tisser et teindre
les étoffes.

Toutes ces tribus chassent et font la guerre de même façon :
à cheval, avec la lance, l'arc et les flèches, à défaut de revolvers
et de carabines. Pour se défendre des coups de l'ennemi, elles ont

un bouclier. Elles vivent uniquement de bison et se recouvrent
de sa peau. Elles scalpent leur ennemi mort et se parent de sa
chevelure. Elles pillent et dévastent ses propriétés ; elles emmè-
nent captifs les femmes et les enfants, et souvent elles soumettent
à d'affreuses tortures, avant de le faire mourir, le vaincu, surtout le blanc, qui tombe vivant entre leurs mains.

L. Simonin, *A travers les États-Unis.*

LE MEXIQUE MÉRIDIONAL

Les contrées tropicales ont pour le voyageur un charme
et une attraction qu'aucune autre ne présente. La nature est plus
belle et plus souriante ; la grandeur et la richesse colossale des
forêts, l'éclat, la variété du feuillage, la splendeur inaccoutumée
du soleil, ce luxe enfin de lumière, d'eau et de végétation, réunies dans un seul tableau, prépare aussitôt l'esprit à des scènes
d'un caractère tout à fait nouveau, même pour celui qui les a
déjà contemplées auparavant. A droite et à gauche, des lagunes,
des rivières, ouvraient à nos regards émerveillés de longues
perspectives d'une eau calme et limpide, un moment resplendissante et azurée sous le soleil du matin, s'enfonçant mystérieuse-
ment l'instant d'après sous les arceaux ombreux de la forêt, dont
les masses se courbaient mollement sur le fleuve Coatzacoalcos.
Des oiseaux aquatiques au plumage étincelant couvraient ses rives,
guettant leur proie entre les bambous élancés et les roseaux, dont
les tiges flexibles reflétaient gracieusement dans la nappe unie
et glacée leur feuillage incliné ; des flamants aux couleurs de
feu, des hérons d'un fauve doré, se balançaient sur leurs longues
jambes, pêchant de petits poissons, jusqu'au moment où, le bruit
des bateaux à vapeur portant l'épouvante dans leurs rangs, ils se
dispersaient à tire-d'aile entre les mangliers qui recouvraient de

leur verdure exubérante les marécages voisins. Des faisans d'espèces diverses se faisaient voir par intervalles, perchés sur quelques grands arbres; des troupes de perroquets verts, des hordes entières de perruches, traversaient le fleuve d'un vol rapide au-dessus de nos têtes, troublant seuls par leurs cris le silence des bois et défiant la main meurtrière de l'homme.

Brasseur de Bourbourg, Voyage à l'isthme de Tehuantepec.

DE LA NATURE DANS L'AMÉRIQUE DU SUD

Dans ces contrées de l'Amérique méridionale où la nature la plus active fait descendre à grands flots, du sommet des hautes Cordillères, des fleuves immenses, dont les eaux, s'étendant en liberté, inondent au loin des campagnes nouvelles, et où la main de l'homme n'a jamais opposé aucun obstacle à leur cours; sur les rives limoneuses de ces fleuves rapides, s'élèvent de vastes et antiques forêts. L'humidité chaude et vivifiante qui les abreuve devient la source intarissable d'une verdure toujours nouvelle pour ces bois touffus, image sans cesse renaissante d'une fécondité sans bornes, et où il semble que la nature, dans toute la vigueur de la jeunesse, se plaît à entasser les germes productifs. Les végétaux ne croissent pas seuls au milieu de ces vastes solitudes; la nature a jeté sur ces grandes productions la variété, le mouvement et la vie. En attendant que l'homme vienne régner au milieu de ces forêts, elles sont le domaine de plusieurs animaux qui, les uns par la beauté de leurs écailles, l'éclat de leurs couleurs, la vivacité de leurs mouvements, l'agilité de leur course, les autres par la fraîcheur de leur plumage, l'agrément de leur parure, la rapidité de leur vol, tous par la diversité de leurs formes, font, des vastes contrées du nouveau monde, un grand et magnifique tableau, une scène animée, aussi variée qu'immense.

Lacépède, Histoire naturelle des Ovipares.

INDIGÈNES DU VENEZUELA ET EN GÉNÉRAL
DE L'AMÉRIQUE MÉRIDIONALE

La couleur des Chaymas (peuple indigène de la côte du Venezuela) est celle qu'offre toute la race américaine depuis les plateaux froids de Quito et de la Nouvelle-Grenade jusqu'aux plaines brûlantes de l'Amazone. Elle ne change plus par l'influence variée des climats; elle tient à des dispositions organiques qui, depuis des siècles, se propagent inaltérablement de génération en génération. Si la teinte uniforme de la peau est plus cuivrée et plus rouge vers le nord, elle est au contraire, chez les Chaymas, d'un brun obscur tirant sur le foncé.

L'expression de la physionomie des Chaymas, sans être dure et farouche, a quelque chose de grave et de sombre. Le front est petit et peu saillant; aussi dit-on, dans plusieurs langues de ces contrées, pour exprimer la beauté d'une femme, « qu'elle est grasse et qu'elle a un front étroit ». Les yeux sont noirs, enfoncés et très-allongés; ils ne sont ni placés aussi obliquement, ni aussi petits que chez les peuples de race mongole. Cependant le coin de l'œil est sensiblement relevé par en haut vers les tempes; les paupières sont garnies de cils très-longs, et l'habitude de les baisser comme si elles étaient appesanties par lassitude, adoucit le regard chez les femmes, et fait paraître l'œil voilé plus petit qu'il ne l'est effectivement. Si tous les indigènes de l'Amérique méridionale et de la Nouvelle-Espagne se rapprochent de la race mongole par les yeux, leurs pommettes saillantes, leurs cheveux droits et plats, et par le manque presque absolu de barbe, ils en diffèrent essentiellement par la forme du nez, qui est assez long, proéminent dans toute sa longueur, épaissi vers les narines, dont les ouvertures sont dirigées par en bas, comme chez les peuples de la race du Caucase.

AL. DE HUMBOLDT, *Voyage aux régions équinoxiales*
du nouveau continent.

LE FLEUVE DES AMAZONES

Le fleuve par excellence, la gloire de notre planète, est le
grand courant des Amazones, qui forme, après la chaîne des
Andes, le trait principal de l'Amérique du Sud. Cette mer d'eau
douce en mouvement, cette « Méditerranée » coulante, qui prend
sa source à une petite distance du Pacifique et s'unit aux eaux
de l'Atlantique par un estuaire de 300 kilomètres de large, sert
de ligne de partage entre les deux moitiés de l'Amérique du Sud,
et, comme un équateur visible, sépare l'hémisphère du nord
de celui du midi sur une longueur de 5000 kilomètres environ.
Tout est immense dans cette artère centrale, qui recueille dans
son énorme bassin de 7 millions de kilomètres carrés deux ou
trois mille fois autant d'eau que la Seine. Connu sous plusieurs
noms dans les diverses parties de son cours, comme s'il était
composé de rivières distinctes et mises bout à bout, le grand
fleuve offre à la vapeur, avec ses affluents, ses furos ou fausses
rivières, ses igarapés ou bras latéraux, plus de 50 000 kilomètres
de navigation. Il est si profond, que les sondes de 50, de 80 et
même de 100 mètres ne peuvent pas toujours en mesurer les
gouffres, et que les frégates le remonteraient sur plus de mille
lieues de distance ; il est si large, qu'en certains endroits on n'en
distingue pas les deux bords, et qu'à l'embouchure du Madeira,
du Tapajoz, du rio Negro et d'autres affluents, on voit l'horizon
reposer au loin sur les eaux, comme si l'on se trouvait en pleine
mer. Il reçoit par dizaines des fleuves qui ont à peine leurs
égaux en Europe, et dont plusieurs, encore inexplorés, appartiennent au domaine de la Fable. En maints endroits, ses deux
rives servent de limites à deux faunes distinctes, et même de
nombreuses espèces d'oiseaux n'osent en franchir la vaste nappe.
Comme la mer, il est habité par les dauphins ; comme elle, il a
ses tourmentes, et pendant les tempêtes ses vagues se dressent
à plusieurs mètres de hauteur.

Élisée Reclus, la Terre.

Rio-de-Janeiro, place de la Constitution.

RIO-DE-JANEIRO

Rio-de-Janeiro se déploie en forme de croissant sur la rive occidentale de la baie, et sa banlieue s'allonge à une distance considérable, sur le bord de la mer, ou bien serpente plus en arrière sur le versant des coteaux. Par suite de cette disposition des maisons qui s'éparpillent sur une surface large et se disséminent le long des plages, au lieu de se concentrer en une agglomération compacte, l'aspect de la ville vue de la baie pendant la nuit est extraordinairement joli. C'est une sorte d'effet scénique. Les lumières montent tout le long des hauteurs, couronnent çà et là les sommets d'un faisceau plus fourni, ou bien s'éloignent en mourant, sur les contours de la plage, de chaque côté de la ville marchande située au centre.

Ce qui frappe tout d'abord à Rio-de-Janeiro, c'est la négligence et l'incurie. Quel contraste quand on songe à l'ordre, à la propreté, à la régularité de nos grandes villes (des États-Unis) ! Et cependant l'effet pittoresque est tel, du moins aux yeux d'un voyageur, que tous ces défauts disparaissent. Tous ceux qui ont visité une de ces vieilles villes espagnoles ou portugaises des tropiques, se rappellent les rues droites, les maisons multicolores garnies de lourds balcons, les façades peintes ou plaquées de faïences criardes, et, pour toute variété, tachées çà et là par la chute d'une de ces briquettes. Ceux-là savent quelle fascination et quel charme eux-mêmes ont ressentis, en dépit de la malpropreté et du manque des choses les plus nécessaires.

Mme AGASSIZ, Voyage au Brésil, trad. par Vogeli.

OCÉANIE

JAVA. — LA PLAINE D'AMBARRAWA

Un spectacle merveilleux nous fait embrasser d'un coup d'œil toutes les cultures de Java; nous franchissons la chaîne que dominent les volcans de Soumbing et de Souidoro, et la plaine d'Ambarrawa nous apparaît sous des effets de lumière si beaux, que je ne puis les décrire! Les nappes vertes de la canne à sucre forment une mer de verdure; des palissades jaunes limitent de petits jardins où l'on cultive avec soin le quinquina, le thé, la muscade, le girofle, le poivre et la cannelle : ce sont comme les voiles colorées d'une escadre orientale! Quand c'est au détour d'un col qu'apparaît soudain un panorama aussi immense, il semble que la nature se soit fait un jeu d'étaler tout ce qu'elle a de plus beau sous la plus vive des lumières : en bas, la luxuriante abondance; en haut, les volcans dentelés! Il y a quelque chose de plus qu'humain qui saisit le cœur du voyageur. « Nous » reverrons des palais et des pagodes, des tempêtes et des mines » d'or, me disais-je; mais nous sera-t-il donné de sonder jamais » du regard un paysage aussi riche? » S'il y a des personnes insensibles aux beautés de la nature, qu'elles viennent ici : elles seront muettes d'admiration ! Mais qu'un peintre n'essaye point de rendre une pareille image ; il n'y a pas de palette qui puisse fournir des couleurs assez vives pour donner une idée de la profondeur des dômes de fleurs!

Beauvoir, Voyages autour du monde.

Paysage à Java.

AUSTRALIE. — LA COLONIE DE VICTORIA

C'est à l'extrémité sud-est de l'Australie que s'est élevée avec une rapidité prodigieuse la brillante colonie de Victoria, aujourd'hui la première des provinces de ce continent. Là des mineurs entreprenants percent les montagnes, attaquent le quartz, sondent le cours des eaux, pour en tirer d'abondantes masses d'or ; de gras pâturages y nourrissent de magnifiques troupeaux de bœufs, de chevaux, de moutons à la laine la plus belle du monde. Les cultures d'Europe s'y marient aux productions de l'Océanie, et le blé, le maïs, la vigne, les pêchers, y étalent leurs richesses à côté des ignames et des choux-palmistes ; le saule, le peuplier d'Italie, y élèvent leur gracieux feuillage près de celui des eucalyptus et des banksies. Plusieurs beaux fleuves navigables, dont le plus grand est le Murray, parcourent ce pays et voient déjà des navires à vapeur circuler entre leurs rives pittoresques. Des routes excellentes sont tracées de toutes parts entre les villes et les bourgades nombreuses qui se sont créées partout comme par enchantement ; des chemins de fer, même, unissent les principales cités ; des flots d'émigrants anglais, irlandais, chinois, hindous, etc., se jettent sur cette terre promise. Tout s'y anime aujourd'hui par le travail de l'homme ; tout y respire la jeunesse vigoureuse, l'ardeur, la vie ; et cette colonie, naguère profonde solitude, et à peine âgée de vingt-cinq ans, est peuplée de plus de 700 000 âmes !

Melbourne, qui seule en a 200 000, est la capitale de la province ; capitale déjà toute rayonnante de luxe, de promenades, de parcs, de commerce, d'industrie, de science ; des journaux nombreux, des revues, des ouvrages sérieux et instructifs, y sortent de presses aussi activement occupées que dans nos métropoles européennes.

E. CORTAMBERT, *Explorations en Australie.*

22

LES MINES D'OR DE BALLARAT, EN AUSTRALIE

Une ligne ferrée rejoint Melbourne à Ballarat, et, en quatre heures, on passe de la ville commerçante à la ville aurifère..... Tout à coup notre attention est éveillée par un changement étonnant dans la nature qui se déroule devant nous. La grande ombre des forêts semble dissipée par un coup de foudre ; la verdure des prairies est morte ; les troncs immenses des arbres sont abattus par la main de l'homme, amoncelés en désordre, gisants sur un terrain bouleversé ; la plaine est grattée, lavée, torturée : c'est un dédale de travaux, un chaos de fouilles infernales, et çà et là, dans cet ensemble vertigineux, de grands tuyaux, par des convulsions poussives, vomissent la vapeur ; des cloches sonnent, des roues de fer s'engrènent et crient, des pompes gigantesques crachent des eaux bourbeuses, et une fourmilière humaine s'agite. C'est Ballarat. La recherche de l'or a fait ici une vallée d'un aspect diabolique. Je ne connais rien qui puisse frapper à un plus haut degré l'imagination de celui qui ne s'est jamais figuré ce que l'homme peut tenter dans ses fiévreux travaux, pour arracher l'or aux entrailles de la terre.

Il n'y eut pendant des années qu'un camp immense ; les faubourgs sont encore composés de tentes éparses où viennent bivouaquer les derniers arrivants. Mais la ville proprement dite est une fidèle image de Melbourne. C'est une ville qui compte 30 000 âmes et treize à quatorze ans d'existence ; elle a de belles maisons et de belles rues. Le jour, elle est sillonnée de voitures ; le soir, éclairée au gaz ; elle est remplie de clubs, de théâtres, de bibliothèques, de banques. Le mineur enrichi s'y promène paisiblement ; plus de revolvers, plus d'attaques nocturnes, plus de scènes sanglantes sur les tables de jeu. Çà et là de nombreux groupes d'hommes couverts de boue et ruisselants de sueur sortent de terre pour prendre leur repas : ce sont les chercheurs d'or qu'emploient de grandes compagnies.

Beauvoir, Voyages autour du monde.

FORÊTS DE LA TASMANIE

C'est un spectacle bien singulier que celui de ces forêts profondes, filles antiques de la nature et du temps, où le bruit de
la hache ne retentit jamais, où la végétation, plus riche tous les
jours de ses propres produits, peut s'exercer sans contrainte, se
développer partout sans obstacle ; et, lorsqu'aux extrémités du
globe de telles forêts se présentent exclusivement formées d'arbres inconnus à l'Europe, de végétaux singuliers dans leur organisation, par leurs produits variés, l'intérêt devient plus vif et
plus pressant. Là règnent habituellement une ombre mystérieuse,
une grande fraîcheur, une humidité pénétrante. Là croulent de
vétusté ces arbres puissants d'où naquirent tant de rejetons
vigoureux : leurs vieux troncs, décomposés maintenant par
l'action réunie du temps et de l'humidité, sont couverts de
mousses et de lichens parasites ; leur intérieur recèle de froids
reptiles, de nombreuses légions d'insectes ; ils obstruent toutes
les avenues des forêts, ils se croisent en mille sens divers ; partout, comme autant de termes protecteurs, ils s'opposent à la
marche, et multiplient autour du voyageur les obstacles et les
dangers. Souvent ils s'affaissent sous le poids de son corps, et
l'entraînent au milieu de leurs débris ; plus souvent encore leur
écorce humide et putride glisse et se détache sous ses pieds ;
quelquefois ils forment par leur entassement des digues naturelles de vingt-cinq ou trente pieds d'élévation ; ailleurs ils sont
renversés sur le lit des torrents, sur la profondeur des vallées,
formant alors autant de ponts naturels dont il ne faut se servir
qu'avec défiance.

A ce tableau de désordre et de ravages, à ces scènes de mort et
de destruction, la nature opposait, pour ainsi dire avec complaisance, tout ce que son pouvoir créateur peut offrir de plus imposant. De toutes parts on voyait à la surface du sol se presser ces
beaux mimosa, ces superbes metrosideros, ces correa inconnus
naguère à notre patrie, et dont s'enorgueillissent déjà nos bos-

quets; des rives de l'Océan jusqu'au sommet des plus hautes montagnes de l'intérieur, on observait les puissants eucalyptus, ces arbres géants des forêts australes.

..... Partout se reproduisaient de charmants bosquets de mélaleuca, de thesium, de conchyum, d'evodia, tous également intéressants, ou par leur port gracieux, ou par la belle verdure de leur feuillage, ou par la singularité de leur corolle et de leurs fruits..... Au milieu de tant d'objets, l'esprit s'étonne, et ne peut qu'admirer cette inconcevable fécondité de la nature, qui fournit à tant de climats divers des productions si variées et toujours si riches et si belles.

Péron et Freycinet, Voyages de découvertes aux Terres australes.

UN CYCLONE EN NOUVELLE-CALÉDONIE

J'étais dans la vallée du Diahot en plein été (25 février 1864); la chaleur le jour, et les moustiques la nuit, nous incommodaient beaucoup. Pour comble de malheur, le baromètre se mit à baisser rapidement, pendant que des nuages cuivrés parcouraient le ciel et que des frégates, ces oiseaux à l'aile puissante qui ne se rapprochent des terres qu'au moment des tempêtes, tournoyaient anxieuses au-dessus de nos têtes. Le village dans lequel nous nous trouvions n'était composé que de quelques huttes, et nous nous étions installés sous une sorte d'ajoupa, composé exclusivement d'un petit toit incliné jusqu'à terre, mais ouvert de tous côtés : c'était une sorte de salon de causerie où les Canaks se réunissaient pendant le jour. Je fis prendre aussitôt quelques précautions contre le cyclone qui nous menaçait : au moyen de fortes lianes on attacha la toiture au tronc des cocotiers voisins; on boucha avec des herbes les trous que présentait le chaume; les provisions furent placées dans les points les mieux abrités, et nous attendîmes

Forêt de la Tasmanie.

l'orage. Il ne tarda guère, car, à peine **avions-nous** terminé ces dispositions, que les vents se déchaînèrent sur nous de toutes parts : ce fut un cyclone dans toutes les règles, c'est-à-dire avec son escorte de pluie diluvienne, de vent impétueux et incessant. Notre faible toiture fut bientôt traversée par ces avalanches d'eau, et nous fûmes envahis. Enveloppés dans nos couvertures, cloués sur le sol par la fatigue et le sommeil, nous ne nous décidâmes à nous lever qu'au contact glacé des eaux sur notre corps. Pour protéger nos munitions, nous les avions placées dans nos couvertures. Parfois, dans des rafales, il nous semblait que notre frêle toit allait être emporté : les lianes qui le retenaient se tendaient à rompre ; les cocotiers agitaient leurs têtes d'une façon désespérée, et leurs troncs flexibles ployaient et se tordaient ; des noix de coco s'échappaient parfois du haut de ces arbres et venaient se briser sur le sol avec fracas. Ces projectiles d'un nouveau genre auraient certainement assommé un homme. A chaque instant encore, c'était le bruit d'arbres ou de branches énormes que la tempête brisait avec un fracas semblable à celui d'une fusillade bien nourrie.

Le jour arriva enfin éclairer la situation. Que de ravages en une seule nuit ! les plantations couchées, brisées ou hachées ; le sol jonché de branches ou d'arbres renversés ! Quant à nous, trempés jusqu'aux os, nos provisions mouillées, nous faisions aussi triste mine que la végétation.

Jules Garnier, la Nouvelle-Calédonie.

HABITANTS DE TAHITI

Sous le point de vue physiologique, il existe deux Tahiti : la Tahiti de la découverte et la Tahiti actuelle ; l'une, la reine de la Polynésie, peuplée d'une belle et gracieuse race ; l'autre, au type déchu et dégénéré, offrant à peine çà et là quelques hommes comme échantillons de la population antérieure.

Du reste, la couleur générale du teint est olive ou bronzée, admettant une foule de nuances, depuis le jaune clair des chefs jusqu'au brun très-foncé des hommes du peuple. Les proportions sont généralement belles; l'air est avenant et bon. L'angle facial est aussi ouvert chez eux que chez les Européens, excepté quand le front et l'occiput ont été comprimés dans l'enfance, pratique usitée par les mères qui destinent leurs enfants à la profession des armes. Les autres caractères sont : le front quelquefois bas, le plus souvent haut et bien formé; les sourcils noirs et bien dessinés, moins en arc qu'en ligne droite; les yeux rarement grands, mais brillants et d'un noir de jais; les pommettes peu saillantes; le nez droit et aquilin, souvent renflé aux narines, et naguère aplati par les nourrices, qui trouvaient cela plus gracieux; la bouche bien dessinée, quoique avec des lèvres épaisses; les dents saines, un peu larges, d'une blancheur éclatante et d'une longue durée; les oreilles grandes, le menton plutôt saillant; la figure ronde, quelquefois anguleuse comme chez les Tatares; le profil semblable à celui de l'Européen; les cheveux noirs et brillants, lisses ou frisés, mais jamais laineux. La taille des hommes est généralement moyenne : les chefs seuls semblent former une race à part, une race de Patagons.

Dumont d'Urville, Voyage autour du monde.

www.ingramcontent.com/pod-product-compliance
Lightning Source LLC
LaVergne TN
LVHW021226170726
843501LV00003B/682